CHANGER D'ÉCONOMIE !

AUTRES OUVRAGES DES ÉCONOMISTES ATTERRÉS

Manifeste d'économistes atterrés. Crise et dette en Europe : 10 fausses évidences, 22 mesures en débat pour sortir de l'impasse, Les liens qui libèrent, 2010.
20 ans d'aveuglement. L'Europe au bord du gouffre, Les liens qui libèrent, 2011.
Changer d'économie ! Nos propositions pour 2012, Les liens qui libèrent, 2012.
L'Europe mal-traitée. Refuser le pacte budgétaire et ouvrir d'autres perspectives, Les liens qui libèrent, 2012.

Ouvrage coordonné par Benjamin Coriat, Philippe Légé
et Henri Sterdyniak.

ISBN : 978-2-330-01810-8

LES ÉCONOMISTES
ATTERRÉS

CHANGER D'ÉCONOMIE !

BABEL

PRÉFACE À L'ÉDITION DE POCHE

Cette nouvelle édition de notre ouvrage, comme le lecteur le constatera, n'a requis aucune modification du texte initial publié au tout début 2012.

Certes, depuis, en France, la gauche a gagné les élections. Pour autant, il faut bien constater que malheureusement le cours des choses n'a pas été changé. Il est vrai que les dispositions les plus choquantes de la fiscalité française ont été abolies. Le premier budget de la gauche au pouvoir s'est traduit par une augmentation de 30 milliards sur les impôts, dont 10 milliards sur les plus riches et 10 milliards sur les grandes entreprises. Mais ces mesures courageuses n'ont guère été prolongées. La signature par F. Hollande du Pacte de stabilité et de croissance – contre l'engagement formel pris pendant la campagne électorale présidentielle de ne pas le signer et de le « renégocier » – a produit tous ses effets, en enclenchant une mécanique infernale. Ainsi, le gouvernement s'est-il engagé à réduire de 60 milliards en 5 ans le montant des dépenses publiques, c'est-à-dire, on le voit bien aujourd'hui, à faire payer la crise par les dépenses de protection sociale. Ainsi, le Medef a-t-il obtenu, sans contrepartie, un chèque de 20 milliards pour les entreprises. Ainsi, l'axe central de la politique de l'emploi devient-il la flexibilisation des emplois permise par l'ANI (Accord national interprofessionnel) négocié par des syndicats minoritaires (la CFDT, la CFTC et le CGC) mais en cours de transcription dans une loi. Ainsi, pour ne prendre que ce dernier exemple, la loi bancaire n'obligera-t-elle pas les banques à renoncer à financer les activités spéculatives.

Force est de le reconnaître : la politique économique est un sport de combat et le patronat sait se battre. Aussi plus que jamais appartient-il aux citoyens de relever les défis et de remettre à l'ordre du jour l'indispensable agenda de transformations sociales profondes dont notre économie a besoin. En ce sens les analyses et les messages délivrés par ce livre conservent toute leur actualité

Aujourd'hui comme hier, l'impératif demeure : il faut changer l'économie !

INTRODUCTION

ATTERRÉS, MAIS PAS RÉSIGNÉS !
OUI, IL Y A DES ALTERNATIVES…

À l'heure où, tant en Europe qu'aux États-Unis, la récession s'installe à nouveau et où se préparent dans notre pays des élections majeures, les Économistes atterrés ont décidé de s'inviter dans le débat en publiant ce livre. L'idéologie néolibérale – la tristement célèbre « pensée unique » –, dont l'échec est pourtant manifeste, continue à imprégner les esprits des experts, des décideurs et de la plupart des éditorialistes. Il est donc important de faire vivre une pensée libre, critique, indépendante des pouvoirs économiques et financiers. Une pensée qui montre pourquoi il faut résolument s'engager dans des voies nouvelles si l'on veut se donner une chance d'échapper à la catastrophe économique qui s'annonce.

Avec ce nouvel ouvrage, qui s'inscrit dans la lignée des deux précédents[1], nous franchissons un cap en exposant nos idées de manière plus détaillée et en proposant des politiques économiques alternatives. Pour quitter la trajectoire qui a conduit l'économie mondiale, rongée par la finance, à exploser en plein vol, des changements majeurs sont à la fois urgents

1. *Manifeste d'économistes atterrés*, Paris, Les Liens qui libèrent, 2010, et *20 ans d'aveuglement. L'Europe au bord du gouffre*, Paris, Les Liens qui libèrent, 2011.

et nécessaires. Nous entendons montrer qu'ils sont aussi possibles, et que nombre d'entre eux peuvent être engagés dès aujourd'hui.

Fidèles à notre vocation et à l'esprit qui nous anime, nous voulons donc, à travers ce livre, mettre en débat des options et des orientations qui rompent avec les politiques néolibérales aujourd'hui en faillite, et ce, lorsque c'est le cas, en assumant pleinement nos différences.

*

Au cours de l'été 2011, la crise économique et financière est entrée dans une nouvelle phase, annonciatrice de nouveaux désastres. En 2007-2008, l'épicentre du séisme se trouvait aux États-Unis (avec les *subprimes*). En 2009-2010, il s'est déplacé vers la zone euro, faisant apparaître au grand jour les défaillances multiples de sa constitution et de son architecture institutionnelle. La crise de la dette souveraine en Europe a révélé l'inconsistance d'une union monétaire établie entre des États aux structures économiques disparates, voués à se livrer une concurrence sociale et fiscale effrénée. Les « remèdes » néolibéraux mis en œuvre jusqu'à présent par les gouvernements nationaux ou les instances européennes obéissent tous à un seul et même principe : il s'agit de « rassurer les marchés financiers » en radicalisant les politiques d'austérité et de concurrence fiscale et sociale, malgré leurs échecs patents, répétés et systématiques. C'est dire leurs chances de succès.

En 2011, c'est désormais l'ensemble du monde dit « développé » qui retombe dans la récession. La nouvelle crise bancaire qui se profile pourrait provoquer un désastre d'autant plus grave que les États sont profondément divisés quant aux solutions à mettre en œuvre. Dans ce contexte, les mesures cosmétiques annoncées par l'Union européenne ou le G20 ne pourront rien changer.

*

Face à ces défis, nous avons choisi d'intervenir sur un nombre réduit de questions stratégiques. Les réponses qui leur seront apportées détermineront largement l'avenir de nos sociétés, la possibilité de vivre ensemble dans une Europe dont la prospérité, le plein emploi, la cohésion sociale et la démocratie seront les valeurs cardinales, en lieu et place de la stabilité des prix.

Tous les chapitres qui composent ce livre reposent, chacun à sa manière, sur le large socle de convictions qui nous rassemblent et qui, toutes, s'opposent à la pensée unique. Il s'agit d'abord du refus d'une globalisation au service de la finance et de la critique d'une construction européenne où l'emploi, le travail et la protection sociale sont devenus les facteurs d'ajustement aux exigences de rentabilité insensées des actionnaires. Nous rejetons un modèle de développement qui s'affirme chaque jour davantage comme destructeur de ressources et de talents. Nous voulons mettre fin aux politiques de contre-révolution fiscale toujours au service des plus riches. Nous refusons enfin l'instrumentalisation de la dette publique, aujourd'hui brandie comme un épouvantail et utilisée comme un prétexte pour attaquer toujours plus fort les fondements mêmes de l'État social.

À partir du constat partagé des impasses où nous ont conduits trois décennies de mise en œuvre de la *doxa* néolibérale, chaque chapitre formule des propositions montrant clairement que des politiques alternatives sont à la fois souhaitables et possibles. Le « réalisme » a aujourd'hui changé de camp : après trente ans d'aveuglement, les politiques néolibérales ont perdu toute crédibilité. Il est urgent d'inverser le cours des choses pour redonner enfin vie et espoir à nos sociétés.

Les réformes que nous proposons traitent des dimensions clés de la crise actuelle et sont pensées pour ouvrir une voie de sortie. Le désarmement des marchés financiers, une réorientation du système bancaire, une profonde réforme fiscale, le renouveau des services publics, la refonte des traités européens pour mettre fin à la concurrence fiscale et sociale et construire une convergence par le haut, une relance des investissements publics pour financer l'emploi et la transition écologique, une politique active de l'emploi, de nouvelles manières de gouverner et de gérer les entreprises, et bien d'autres propositions formulées dans ces pages offrent autant de points d'appui sur lesquels bâtir une perspective nouvelle.

Dans l'énoncé de nos propositions, nous n'avons en aucun cas cherché à taire nos différences, même lorsqu'elles se sont révélées substantielles. Sur chacune des grandes questions traitées, nous avons au contraire souhaité ouvrir le débat, solliciter et exprimer des points de vue variés. Au travers des échanges auxquels ce livre a donné et donnera lieu, les convergences se réaliseront là où c'est possible. Ces échanges permettront aussi de clarifier les termes du débat pour les soumettre à des arbitrages que seuls, en fin de compte, les citoyens sont en droit d'effectuer.

Nous laissons au lecteur le soin de découvrir chacun des chapitres, centré sur une question précise et apportant sa pierre à l'édifice. Cependant, avant d'aller plus loin, il nous paraît utile d'évoquer certains thèmes traités dans le cœur de l'ouvrage et sur lesquels le débat et les options, parmi les « atterrés », reste ouverts.

QUE FAIRE DE LA DETTE ?

Sur la dette et ses origines comme sur les défis que pose son existence, les analyses des « atterrés » convergent. La crise financière a fait exploser les déficits et les dettes publiques, que la réduction des impôts sur les plus riches et sur les entreprises avait déjà contribué à faire gonfler. Comme les États sont contraints par les traités européens à se financer sur les marchés financiers, ceux-ci peuvent exercer un chantage permanent et mortifère sur les politiques budgétaires, particulièrement dans la zone euro.

Nous sommes unanimes à considérer que l'on ne peut sortir des griffes des marchés par des politiques d'austérité, lesquelles, outre qu'elles provoquent des dégâts sociaux, font chuter la croissance et n'améliorent certainement pas les soldes publics. Pour réduire les déficits publics, il faut une politique de développement où l'indispensable tournant écologique sera planifié et financé par l'épargne des Européens, collectée par des banques publiques de développement durable. Les déficits doivent aussi être réduits par une contre-contre-révolution fiscale, restaurant la capacité des pays à taxer leurs banques, leurs organismes financiers, leurs multinationales et les plus riches de leurs ménages. Ayant tous bénéficié de l'explosion des inégalités de revenu et de la spéculation financière et immobilière, responsables de la crise, ils devront être mis à contribution pour combler les déficits qu'ils ont contribué à creuser.

Les pays de la zone euro doivent retrouver leur capacité à pratiquer des politiques budgétaires autonomes. À court terme, un plan coordonné doit permettre aux États membres en difficulté de surmonter leurs problèmes temporaires. Il devrait comporter des politiques expansionnistes (hausse des salaires et des dépenses sociales) dans l'ensemble de la zone – plus soutenues encore dans les pays du Nord afin de résorber les déséquilibres commerciaux –, des politiques de lutte contre l'évasion fiscale et la corruption (notamment dans les pays du Sud), des investissements publics pour des politiques d'habitat et de transport visant à la transition écologique, ainsi que des politiques de réindustrialisation (particulièrement dans le Sud).

Certains d'entre nous estiment que la survie de la zone euro passe par l'engagement de la Banque centrale européenne (BCE) à garantir les dettes des États membres et par l'affirmation d'une solidarité totale entre ces derniers, dans le cadre d'une coordination des politiques économiques tournée vers le développement économique et social. Ils refusent de remettre en cause le caractère non risqué des titres publics. Ils pensent que la BCE a les moyens de maintenir durablement les taux d'intérêt de la zone euro en dessous de son taux de croissance, de sorte que la charge nette de la dette restera faible. Les taux d'intérêt exorbitants que les marchés ont imposés aux États membres en difficulté depuis le début de 2009 devront être unilatéralement ramenés aux taux des titres sans risque ; le transfert de la dette bancaire issue de la crise à la dette publique (en Irlande en particulier) devra être remis en question.

D'autres parmi nous pensent que, compte tenu de la fragilité de la zone euro et de la grande diversité économique et politique des pays qui la composent, les opérateurs financiers douteront toujours de la solidité des garanties offertes par les institutions européennes et par la BCE. Ils jugent donc que l'objectif à atteindre – retirer aux marchés financiers la clé du financement des États – doit s'appuyer largement sur l'emprunt direct auprès des ménages et sur le financement direct par la BCE. Par ailleurs, et comme certains textes des « atterrés » l'annoncent depuis longtemps, ils considèrent qu'une restructuration des dettes publiques en Europe est, à ce stade, à la fois souhaitable et inévitable. Commencée en Grèce (mais à des niveaux insuffisants pour juguler la crise), la restructuration doit être étendue et organisée en bon ordre en faisant porter le poids du défaut sur les grands investisseurs institutionnels. Dans cet esprit, la conduite d'« audits citoyens » des dettes publiques constitue une tâche urgente et essentielle.

QUE FAIRE DE LA CROISSANCE ?

La crise mondiale est systémique, c'est-à-dire que toutes ses dimensions s'imbriquent et se renforcent mutuellement. Au-delà des contradictions sociales du système, qui l'empêchent d'écouler sa surproduction, l'échec des politiques néolibérales est renforcé par le fait que leur objectif d'accumulation sans fin se heurte aux limites de la planète et de ses ressources, sans lesquelles aucune expansion n'est possible. Aussi le modèle de développement assimilé à la seule croissance économique sans fin est-il aujourd'hui remis en cause.

Ce livre s'efforce de clarifier les enjeux d'une transition tout à la fois écologique et sociale. Faut-il se contenter de « verdir » un peu la croissance capitaliste ? Faut-il entamer un processus de décroissance de la production, comme on l'entend souvent ? Nous proposons de sortir de ce faux dilemme, d'une part en favorisant la croissance des activités destinées à assurer la reconversion écologique de nos économies à travers de grands investissements, la relocalisation de certaines activités et l'équilibre des territoires, d'autre part en organisant la décroissance des activités qui polluent ou épuisent les ressources naturelles.

Ce débat, qui s'intensifie dans la société, traverse aussi les Économistes atterrés. Certains parmi eux sont confiants dans les possibilités d'une croissance favorable aux équilibres écologiques, d'autres sont plus réservés et préfèrent prendre d'ores et déjà acte du découplage entre la croissance globale et l'amélioration du bien-être. Mais nous faisons tous le pari qu'il est possible de concevoir un nouveau type de développement humain, orienté vers la qualité sociale et écologique de la production. Dans cette perspective, le débat démocratique devra arbitrer entre les affectations possibles des gains de productivité obtenus sans intensification du travail et sans prédation irrémédiable de la nature : croissance des activités utiles et soutenables, investissements de reconversion, protection sociale, éducation et réduction du temps de travail.

*

Ces propositions, comme toutes celles contenues dans les chapitres qui suivent, sont maintenant soumises à la discussion et à la confrontation citoyennes. Changer d'économie, puisque tel est l'objectif affiché et assumé, ne se fera pas en un jour. En présentant le socle des changements qui nous paraissent nécessaires, en les justifiant, en rendant explicites leurs implications, en ne cachant pas les difficultés auxquelles les réformes préconisées se heurtent et qu'il faudra surmonter, nous avons le sentiment de tenir les engagements pris dans notre *Manifeste*, qui est notre acte fondateur : combattre les « fausses évidences » sur lesquelles se sont bâties pendant des décennies des politiques qui nous ont conduits au désastre actuel, ouvrir un espace au débat citoyen et contribuer à penser des voies alternatives.

1

QUELLE POLITIQUE ÉCONOMIQUE ? MORTS ET RENAISSANCES DU KEYNÉSIANISME

Henri Sterdyniak

Depuis le début des années 1980, les gouvernements, en particulier européens, semblent devenus incapables de gérer l'évolution économique de leur pays. Ils ont renoncé à maintenir une croissance satisfaisante permettant de préserver le plein emploi. Ce n'était pas le cas naguère. En 1970, la France, par exemple, avait une croissance vigoureuse de 5,7 %, un taux de chômage faible de 2,4 %, un excédent budgétaire de 0,9 % du PIB et un solde courant excédentaire de 0,8 % du PIB ; en revanche, l'inflation était de 5 %, soit plus forte qu'aujourd'hui. Les gouvernements se vivaient comme keynésiens, se donnant pour objectif de maintenir une forte croissance en soutenant la demande par un ensemble d'instruments de politique économique (à commencer par la politique monétaire et la politique budgétaire) ; comme planificateurs, s'efforçant de prévoir et d'organiser l'évolution économique nationale ; comme colbertistes, mettant en œuvre des politiques industrielles centrées sur l'émergence de grandes entreprises nationales porteuses de grands projets ; et comme sociaux-démocrates, augmentant graduellement, sous l'influence des revendications syndicales, la couverture et le niveau des prestations sociales. Comment les secrets de cette réussite ont-ils été perdus ?

Ce modèle a été progressivement abandonné au profit des politiques libérales, qui se sont traduites dans un premier temps par une décrue notable de l'inflation et une hausse marquée du chômage. Cherchant à réduire fortement les interventions publiques, la contre-révolution libérale repose sur la confiance dans les forces du marché, tant au niveau macroéconomique qu'au niveau microéconomique : les politiques économiques doivent être paralysées (indépendance des banques centrales, règles budgétaires, changes flexibles), des réformes doivent permettre aux marchés de fonctionner plus librement afin d'assurer l'optimum économique, les États doivent renoncer à la prétention de faire mieux que les entreprises et les marchés financiers pour définir les besoins des consommateurs et les investissements nécessaires. Le triomphe du libéralisme est indissociable de l'ouverture des économies, de la mondialisation commerciale et de la globalisation financière.

Ces évolutions ont permis une forte croissance mondiale – qui a profité surtout aux pays anglo-saxons (du moins à leurs classes dominantes) et à quelques pays émergents –, marquée par de nombreuses crises financières, dont la dernière, ouverte en 2007, a été si violente que les pays développés n'en sont pas encore sortis en 2011. En 2008-2009, les classes dirigeantes et les technocraties des grands pays ont dû se résigner au retour en force de l'intervention publique et du keynésianisme : il a fallu voler au secours des banques, soutenir l'activité, accepter le gonflement des déficits publics. De grandes réformes ont été promises en matière de contrôle et de régulation des marchés financiers, ainsi que de gouvernance mondiale. Puis, dès 2010, les thèses libérales ont réoccupé le terrain, l'objectif affiché étant de nouveau de réduire les dépenses publiques, de peser sur les salaires sous prétexte de compétitivité, de poursuivre les réformes libérales. À la mi-2011, cette stratégie de sortie de crise se révèle une impasse : la croissance ne repart pas, les marchés financiers, dépressifs et hystériques, font peser une épée de Damoclès sur les économies développées, la spéculation contre les pays du sud de la zone euro est coûteuse pour l'Europe et pour les marchés eux-mêmes. Suffit-il d'opposer à cette stratégie en faillite un keynésianisme limité au soutien de la demande ? Celui-ci peut-il à lui seul faire sortir le capitalisme de sa crise structurelle ? Ou faut-il retrouver l'inspiration du keynésianisme, la nécessité d'un contrôle social de l'évolution économique ?

LES TRENTE GLORIEUSES

Les économies occidentales ont connu un tournant au début des années 1980, mais leurs difficultés datent de 1973-1974. Avant cette période, ces pays se caractérisent par un compromis entre capital et travail que l'on a pu nommer « économie sociale de marché », « État social », « modèle social européen » ou encore « capitalisme monopoliste d'État », autant de concepts différents désignant un même système. Celui-ci est fondé sur un accord implicite entre des composantes des classes dirigeantes – dirigeants des grandes entreprises, des grandes banques, hauts fonctionnaires –, les classes moyennes et les classes populaires. La croissance est vigoureuse grâce au progrès technique. Ce dernier est obtenu essentiellement par le développement de l'industrie au détriment de l'agriculture et des activités traditionnelles ; il repose sur l'application à grande échelle de techniques de production éprouvées. Il rend possibles l'augmentation des salaires ainsi que l'amélioration de la situation de chacun au cours de sa carrière, et fait fonctionner l'ascenseur social – les enfants sont mieux lotis que leurs parents.

En même temps, une part de plus en plus importante du revenu national est socialisée, prélevée par le biais de l'impôt ou des cotisations sociales, afin d'être redistribuée sous la forme de dépenses publiques et de prestations sociales. La protection sociale – allocations familiales, assurance maladie… – se généralise. Partant d'un bas niveau, les retraites augmentent progressivement. Les inégalités de revenu sont relativement faibles et la fiscalité est fortement redistributive. Les classes dirigeantes sont attachées à l'espace économique national et n'envisagent pas d'aller s'installer ailleurs, tous les pays appliquant en gros la même stratégie.

La période se caractérise par une forte demande, qui stimule l'offre : les entreprises sont encouragées à investir, puisque la demande est excédentaire. Elles sont en permanence à la recherche de main-d'œuvre, n'hésitant pas à faire venir des travailleurs immigrés ou à embaucher puis former des travailleurs peu qualifiés ; cela garantit le plein emploi et la progression des carrières. Simultanément, les tensions sur les marchés favorisent la hausse des salaires et des prix : une inflation importante facilite les ajustements ; les entreprises peuvent aisément accorder des augmentations de salaire ou supporter un alourdissement des cotisations puisqu'elles ont la possibilité de les répercuter sur leurs prix.

L'objectif des dirigeants d'entreprise est proche de celui des travailleurs : accroître la taille de la société, parce qu'ainsi la sécurité de l'emploi est garantie et les opportunités de carrière accrues. Il y a donc un accord tacite sur le fait que les profits soient réinvestis et servent à développer l'entreprise et l'emploi. Les entreprises considèrent qu'elles ont une nationalité et qu'elles bénéficient de la compétence des travailleurs de leur pays ; elles non plus n'envisagent guère d'aller produire à l'étranger.

Enfin, le système financier a un comportement monopolistique contraint par les pouvoirs publics : les banques rémunèrent peu les déposants et répercutent ce gain sur les emprunteurs. Aussi, les taux d'intérêt nominaux sont bas ; quant aux taux d'intérêt réels, ils sont, sinon négatifs, du moins nettement inférieurs au taux de croissance. Les entreprises peuvent donc profiter de bas taux d'autofinancement. Avec des profits relativement modestes, il leur est possible de réaliser beaucoup d'investissements. Le profit est utilisé essentiellement pour investir. Les rentiers sont spoliés par l'inflation, le bas niveau des dividendes et la faible progression de la Bourse. Les actionnaires, les capitalistes sont les dindons de la farce.

Le coût du capital est réduit. Les choix d'investissement ne se font pas uniquement sur la base de la rentabilité comparée au taux d'intérêt ; c'est la grande entreprise, ou la banque, qui décide en tenant compte des perspectives de croissance.

Le plein emploi peut facilement être maintenu grâce au recours à la politique monétaire et à la politique budgétaire. En réalité, la croissance est telle qu'il n'est guère besoin de les utiliser, sinon à la marge. Le bas niveau des taux d'intérêt soutient la croissance. En période de surchauffe économique, les autorités pratiquent une politique budgétaire restrictive, augmentent les taux d'intérêt et surtout introduisent des contrôles directs du crédit bancaire. En période de ralentissement, elles réduisent les taux d'intérêt et jouent sur le contrôle du crédit ; elles laissent les soldes publics diminuer, voire devenir négatifs. Les périodes de déficit public sont aussi des périodes de bas taux d'intérêt par rapport au taux de croissance ; de cette façon, la dette publique ne peut pas faire boule de neige. Elle fond grâce à la croissance ou à l'inflation. Ainsi, en 1973, la dette publique française nette est nulle.

En raison du contrôle des changes, la politique monétaire peut facilement être utilisée à des fins conjoncturelles. Au pire, la dévaluation permet de rétablir la situation d'un pays qui aurait connu plus d'inflation que les autres – c'est la solution qu'a appliquée la France en 1969.

Durant cette période, la politique économique keynésienne est donc apparue comme une réussite, mais elle reposait sur des facteurs structurels : l'ampleur des gains de productivité, la force de la demande, l'autonomie des pays les uns par rapport aux autres.

LA RUPTURE DE 1973-1980

Cette période prend fin en 1980. En fait, dès 1973, la hausse du prix de l'énergie et le ralentissement des gains de productivité durcissent le conflit autour du partage de la valeur ajoutée. Le maintien de la politique de plein emploi aboutit à l'inflation et à la croissance de la part des salaires dans la valeur ajoutée, une situation défavorable aux détenteurs de capitaux.

Les années 1973-1980 sont celles du triomphe du keynésianisme des Trente Glorieuses : malgré les difficultés structurelles, des politiques budgétaires expansionnistes et de bas taux d'intérêt réels continuent d'être menées. Mais elles sont aussi son chant du cygne : la hausse de l'inflation et la baisse de la part des profits marquent les limites du modèle.

Au début de 1980, deux stratégies semblaient ouvertes : une rupture nette avec le capitalisme – l'expropriation totale des capitalistes, le financement de l'investissement par un crédit bancaire à faible taux – ou sa restauration – qui passait par la défaite des travailleurs. La première a échoué en France en 1981-1983 sans avoir vraiment été tentée : la gauche au pouvoir n'a pas osé remettre fondamentalement en cause le capitalisme et les nationalisations n'ont pas été utilisées pour définir un autre modèle de croissance, ce qui aurait supposé une rupture franche avec le capitalisme et l'Europe. La seconde a été mise en œuvre à l'initiative des pays anglo-saxons.

Sur le plan théorique, la restauration libérale s'est appuyée sur la contre-révolution monétariste. L'État ne doit pas se donner pour objectif de maintenir en permanence le plein emploi, car cela génère un rapport de forces trop favorable aux salariés. Il faut accepter un certain niveau de chômage, le *taux de chômage naturel*, pour discipliner les hausses de salaires. Ce taux doit être d'autant plus élevé que les travailleurs sont exigeants. Si la part des profits s'est détériorée, une phase temporaire de fort chômage est nécessaire. L'objectif de la politique macroéconomique n'est donc plus le plein emploi, mais la rentabilité des entreprises.

Le théorème d'Helmut Schmidt selon lequel « Le profit d'aujourd'hui fait l'investissement de demain et l'emploi d'après-demain » est mobilisé dans cette optique pour proposer une nouvelle version du compromis travail/capital : les salariés doivent accepter de réduire leurs salaires afin d'assurer un niveau d'investissement qui favorise l'emploi. Cette acceptation peut se faire par la négociation entre partenaires sociaux si les salariés sont « raisonnables » (comme dans les pays du nord de l'Europe), par l'épreuve de force et la hausse du chômage s'ils ne le sont pas (comme au Royaume-Uni dans les années 1980). Mais ce théorème suppose une demande suffisante ; dans le cas contraire, les entreprises ne vont pas investir ni embaucher. Or les politiques d'austérité requises pour faire baisser le niveau des salaires se traduisent au départ par une baisse de la demande, donc de l'investissement ; il n'est même pas certain que les profits soient réellement améliorés. Les politiques de restauration des profits ont donc toujours un coût important à court terme.

DE LA CONTRE-RÉVOLUTION LIBÉRALE AU CAPITALISME FINANCIER

À partir des années 1980, on assiste à un retour aux fondamentaux du capitalisme. C'est le triomphe du capitalisme néolibéral, la révolution conservatrice impulsée par Ronald Reagan aux États-Unis et Margaret Thatcher en Grande-Bretagne. Les classes dominantes adoptent une stratégie offensive : l'objectif est de rétablir la part des profits en brisant la capacité de résistance des travailleurs, de modifier le fonctionnement du marché du travail pour consolider la victoire du capital, d'organiser le reflux des dépenses publiques et des impôts.

Les actionnaires, détenteurs du capital financier, reprennent le pouvoir de décision dans les entreprises au détriment des dirigeants. Ils exigent désormais d'être fortement rémunérés, tant en dividendes qu'à travers la progression de la Bourse. Une part importante des profits doit leur être reversée. Les dirigeants sont appelés à gérer les entreprises dans l'intérêt des actionnaires et des gestionnaires de fonds. Ils sont en permanence sous la menace d'une destitution ou d'une OPA hostile – qui se produisent lorsqu'un groupe de managers persuadent les actionnaires d'une entreprise qu'ils seront mieux à même de la gérer que les managers actuels.

Aussi les dirigeants ne peuvent-ils plus avoir d'états d'âme. Ils doivent montrer qu'ils créent effectivement un maximum de valeur pour l'entreprise. Afin de s'en assurer, les gestionnaires de fonds ont instauré la *corporate governance*, un système de surveillance des managers destiné à vérifier qu'ils poursuivent bien cet unique objectif. Actionnaires et gestionnaires de fonds font pression sur ces derniers pour qu'ils distribuent le maximum de dividendes ou procèdent à des rachats d'actions de manière à ce que le profit revienne aux actionnaires, qui pourront choisir l'entreprise dans laquelle ils réinvestiront. Le but n'est plus de faire croître l'entreprise coûte que coûte, mais de limiter les investissements aux niches de rentabilité exceptionnelle. L'alliance managers-salariés est rompue. Les premiers sont sous le contrôle direct des actionnaires, lesquels les rémunèrent par des stock-options qui garantissent que leurs intérêts coïncideront.

Le capitalisme est revivifié par des politiques de privatisation, de libéralisation, de dérégulation et de déréglementation. Un à un, tous les secteurs économiques doivent être livrés aux marchés. Plutôt que d'être gérées de façon sociale, les Bourses, les équipes de football, les crèches, la santé, etc., deviennent progressivement des sources de profit. Et demain, pourquoi pas, l'éducation, la sécurité… Le capitalisme soumet toutes les activités à sa loi, jusqu'à celles du domaine culturel (médias, édition…), contraintes de choisir entre trois voies : devenir des sources de profit, des vitrines pour le mécénat ou des instruments de propagande.

En matière de politique économique, une nouvelle pratique se développe : la politique monétaire est utilisée pour lutter contre l'inflation et non plus pour soutenir l'investissement. Les banques centrales deviennent indépendantes du pouvoir politique – lequel est, en démocratie, le reflet de celui des peuples ; elles doivent garantir que les intérêts des détenteurs du capital seront préservés. Les travailleurs sont informés, par une communication intensive, que toute hausse *excessive* des salaires amènera la banque centrale à décider, en représailles, de l'augmentation des taux d'intérêt, laquelle entraînera une hausse du chômage, affaiblira la position des travailleurs et permettra la baisse des salaires réels. L'indépendance de la banque centrale signifie que les gouverneurs ne dépendent plus des électeurs et peuvent donc laisser croître le chômage sans états d'âme, leur mission première devant être de lutter contre l'inflation. Par exemple, en cas de hausse du prix de l'énergie, les travailleurs doivent être persuadés qu'ils n'ont le choix qu'entre accepter directement une baisse de pouvoir d'achat ou se la voir imposer *via* une politique monétaire restrictive.

La modération salariale devient un des objectifs centraux de la politique économique, tant pour accroître la rentabilité des entreprises que pour améliorer la compétitivité. Elle peut être obtenue par plusieurs méthodes : l'affrontement avec les syndicats, la persistance du chômage de masse, le poids de la concurrence avec les pays à bas salaires, les menaces de délocalisation. La contrainte de rentabilité des entreprises peut aussi être acceptée par des syndicats réformistes.

Si les politiques budgétaires restent aux mains de gouvernements élus, elles sont cependant remises en cause. Certains proposent de nommer des « Conseils de politique budgétaire » qui, au nom de la rationalité économique, décideraient des orientations à la place des États. D'autres suggèrent de mettre en place des normes rigides qui paralyseraient les leviers budgétaires. Ainsi, en Europe, le Pacte de stabilité et de croissance prévoit-il que les déficits publics ne doivent pas dépasser 3 % du PIB et le déficit public 60 % ; les pays doivent viser un objectif d'équilibre des finances publiques et, année après année, réduire leur solde public.

Selon les économistes dominants, une politique budgétaire expansionniste est inefficace car, les ménages rationnels observant la hausse du déficit public, ils en déduisent que les impôts augmenteront dans le futur pour rembourser la dette publique ainsi créée et, du coup, réduisent leur consommation, ce qui annule l'effet attendu. Mais cet argument n'est pas fondé : si la politique budgétaire est mise en œuvre en période de récession, elle relèvera le niveau de production, donc le revenu des ménages, et les recettes fiscales augmenteront automatiquement, comblant le déficit initial ; ainsi, il ne sera pas nécessaire d'augmenter les impôts.

De même, les économistes dominants prétendent que la hausse des déficits publics va faire augmenter les taux d'intérêt, donc nuire à l'investissement. Or, en période de récession, la politique monétaire et la politique budgétaire sont logiquement orientées dans le même sens, donc les taux d'intérêt sont faibles.

La thèse des institutions économiques internationales – Fonds monétaire international (FMI), Organisation de coopération et de développement économiques (OCDE), Commission européenne – et des économistes dominants est qu'il faut 1° réduire les déficits publics et 2° le faire par la baisse des dépenses publiques, en particulier les dépenses sociales, plutôt que par la hausse des impôts. En effet, la baisse des dépenses sociales incite au travail si elle frappe les chômeurs, les seniors, les titulaires de revenus minima, tandis que la hausse des impôts décourage les travailleurs de travailler et les entreprises d'investir. Ils feignent cependant d'oublier que la contraction des dépenses publiques et sociales pèse lourdement sur la demande et que, en période de chômage de masse, ce n'est pas le refus des travailleurs de travailler qui limite l'emploi.

Le modèle social européen est mis en cause. Le droit du travail, trop protecteur, nuirait à la flexibilité et à la mobilité des travailleurs. Ceux-ci doivent accepter de se plier aux exigences du capital (horaires flexibles, contrats précaires). La protection sociale serait trop coûteuse, les charges sociales pèseraient sur le coût du travail. Il devient intolérable que les retraités puissent avoir le même niveau de vie que les actifs, ou que les chômeurs ne tombent pas dans une plus grande misère, ce qui les contraindrait à accepter n'importe quel emploi. Le thème des « trappes à inactivité » se développe : le chômage de masse serait dû au refus des chômeurs, trop bien indemnisés, de retrouver un emploi. La protection sociale doit donc être *modernisée* pour inciter à l'emploi.

Le triomphe du libéralisme est indissociable du développement de la mondialisation commerciale et de la globalisation financière. Avec la mondialisation, les entreprises et les classes dirigeantes peuvent développer leurs activités sur une base internationale. Elles peuvent mettre en concurrence les pays et les salariés. Un pays qui n'est pas *attractif*, qui taxe trop les entreprises et les cadres dirigeants, court le risque de les voir fuir : le compromis social-démocrate national est ainsi remis en question. Désormais, les classes dirigeantes peuvent imposer aux pays de pratiquer la concurrence fiscale et sociale. Un pays, pour soutenir sa croissance, n'est plus obligé de viser la hausse de sa demande intérieure ; il peut jouer sur la compétitivité. L'État-providence est sommé de se transformer en État concurrentiel.

La finance internationale impose ses règles aux pays développés et, de plus en plus, aux pays émergents : libéralisation des marchés financiers, liberté totale des mouvements de capitaux (y compris vers les paradis fiscaux), modernisation financière, nouvelles normes comptables. Les États doivent attirer les détenteurs de capitaux et s'engager à les laisser jouer librement : ils doivent garantir qu'ils n'interviendront pas dans la gestion des entreprises, n'imposeront pas de réglementations (par exemple en matière de garantie d'emploi ou de réinvestissement des profits). Ils doivent privatiser et déréglementer, et surtout réduire leur fiscalité, tant sur les entreprises que sur les propriétaires d'entreprise et les cadres supérieurs.

Cette évolution a été ardemment soutenue par la pensée économique dominante. La plupart des économistes se sont ralliés à la vulgate libérale. Selon celle-ci, l'économie est d'autant plus proche de l'optimum que les marchés sont développés et fonctionnent librement, et que les réglementations, les impôts ainsi que les dépenses publiques sont réduits au minimum. Beaucoup d'économistes ont développé des modèles basés sur la théorie des *anticipations rationnelles*, selon laquelle les marchés financiers sont efficients et permettent de déterminer les *valeurs fondamentales* des entreprises ou des taux de change. Les spéculateurs sont utiles, car ils analysent au mieux toutes les informations disponibles et font converger les prix vers leur bonne valeur. Grâce à la flexibilité des prix et des salaires et au bon fonctionnement des marchés, l'économie est toujours au plein emploi ; il ne peut y avoir de chômage involontaire, puisque le bon fonctionnement du marché du travail permet toujours une baisse suffisante des salaires ; le chômage ne peut provenir que de salaires trop élevés. La politique économique est donc inutile ; elle est même néfaste, car les hommes politiques ont tendance, pour être réélus, à augmenter les dépenses publiques sans augmenter les impôts, induisant ainsi des déficits publics trop importants, qui aboutissent à faire augmenter les taux d'intérêt. Aux yeux des économistes libéraux, l'objectif doit être de réduire les impôts (qui découragent le travail et l'épargne), donc les dépenses publiques, en particulier les dépenses sociales, lesquelles incitent les plus pauvres à vivre dans l'assistance. De même, il faut réduire les prestations chômage et faciliter les licenciements.

Ce système a permis une forte croissance entre 1995 et 2007, notamment dans les pays les mieux adaptés à la mondialisation libérale – les pays anglo-saxons d'un côté, les pays émergents et certains pays européens qui ont su jouer le jeu de la compétitivité de l'autre. Toutefois, cette croissance s'est révélée fragile, puisqu'elle repose sur des bulles financières, des bulles immobilières et une hausse de l'endettement. Les classes populaires et les classes moyennes voient leurs revenus stagner en raison de la pression sur les salaires et les minima sociaux. Les gagnants sont les cadres dirigeants et les bénéficiaires de revenus du capital. Les inégalités se creusent. La cohésion sociale se fissure. Le capitalisme néolibéral, par construction, conduit à étouffer les salaires et la consommation. Il engendre par conséquent une tendance permanente à la récession. Comment, dans ces conditions, la demande peut-elle être suffisante ?

Dans les pays mercantilistes (Chine, Allemagne), la croissance est impulsée par de forts gains de compétitivité : les salaires sont faibles par rapport à la productivité ; les entreprises peuvent faire de gros profits ; les exportations sont portées par la compétitivité, tout comme la force industrielle induite par la rentabilité des entreprises ; la demande intérieure est relativement faible. Les bonnes performances économiques contrastent avec la pauvreté d'une partie de la population. Ce mode de croissance n'est pas durable : les excédents ainsi obtenus le sont au détriment des pays partenaires (les États-Unis dans le cas de la Chine, le reste de l'Europe dans le cas de l'Allemagne) ; ceux-ci sont contraints de s'endetter, ce qui, fatalement, aboutit à une crise de la dette. En 2011, la Chine se plaint d'avoir accumulé des réserves en dollars, l'Allemagne de devoir financer les pays du sud de l'Europe, mais elles ne voient pas que ce sont leurs propres politiques qui ont creusé les déséquilibres mondiaux.

Dans les pays anglo-saxons, la demande est soutenue par le développement de la financiarisation : les ménages des classes moyennes bénéficient de la hausse de la Bourse, du prix de l'immobilier et des facilités d'endettement. La demande peut ainsi être forte malgré la stagnation des salaires, sans déficit public. C'est le miracle de la « grande modération ». Les ménages consomment sur la base des profits futurs anticipés, ou de leurs revenus futurs, ou de la valeur future de leur maison. Le système n'est pas soutenable, puisqu'il repose sur la hausse continuelle des prix des actifs et de l'endettement. Il nécessite que les taux d'intérêt soient bas, que les cours des actifs soient élevés et augmentent, donc que les déséquilibres s'accentuent.

Les autorités monétaires sont en permanence placées devant un dilemme : baisser les taux d'intérêt pour soutenir la Bourse et l'immobilier, et pour encourager la croissance de cours déjà surévalués, ou les augmenter pour faire éclater la bulle, au risque de faire chuter l'activité. Les Américains ont géré ce dilemme avec finesse… jusqu'en 2007, où la hausse des taux d'intérêt a déclenché la crise des *subprimes*.

Enfin, le système aboutit à l'accumulation de masses énormes de capitaux en quête de rentabilité et de liquidité. Les institutions financières sont constamment en compétition pour les attirer. Il est impossible que les capitaux affichent durablement la rentabilité requise de 15 % l'an. Celle-ci est obtenue non par des placements réels, mais par des opérations spéculatives s'appuyant sur des bulles financières. Le capitalisme financier ne peut connaître une croissance régulière, seulement une alternance de périodes de rentabilité élevée – en grande partie illusoire car obtenue par le gonflement de bulles financières – et de périodes d'effondrement. La globalisation financière engendre le gonflement durable de déséquilibres qui finissent un jour par éclater. Les capitaux fabuleux des uns doivent avoir pour contrepartie l'endettement fabuleux des autres. Les pays, les entreprises ou les ménages qui bénéficient d'apports importants de fonds extérieurs sont en même temps fragilisés, puisqu'ils deviennent fortement endettés : c'est la *malédiction de l'emprunteur.* Les prêteurs recherchent des rentabilités élevées, ce qui fragilise les emprunteurs ; ils veulent investir des sommes importantes, mais s'inquiètent ensuite de ce que les emprunteurs sont trop endettés : c'est la *malédiction du prêteur*. Le monde vit en permanence sous la menace de *crise de la dette.*

La crise de 2007-2009 démontre la faillite de ce modèle. C'est une crise bancaire, financière, mais aussi économique. Elle s'accompagne en outre d'une crise productive et d'une crise écologique. Les grandes entreprises concentrent de plus en plus leurs plans de développement dans les pays émergents, où la croissance est plus forte et les salaires plus bas. La raréfaction des ressources énergétiques et des matières premières fait monter leur prix ; la lutte contre les émissions de gaz à effet de serre rend nécessaire un changement profond des modes de production et de consommation.

LE RETOUR DU KEYNÉSIANISME

La crise s'est traduite par une résurgence du keynésianisme, du moins en paroles. Le monde a connu un « moment keynésien ». Lors des sommets du G20 de 2008 et 2009, il a été demandé à tous les pays de soutenir l'activité par des politiques monétaires et budgétaires expansionnistes. Les gouvernements ont dénoncé les dangers que faisaient courir la domination de marchés financiers aveugles et avides, la recherche effrénée de la compétitivité, le creusement des inégalités, l'absence de gouvernance mondiale. Il fallait « refonder le capitalisme ». Mais ces velléités n'ont pas résisté au poids des classes dirigeantes et des institutions financières, en particulier dans les pays anglo-saxons.

Durant la crise, les pays développés ont enregistré de fortes hausses de leurs déficits publics, puisqu'ils ont dû voler au secours des banques en difficulté, qu'ils ont soutenu l'activité et, surtout, qu'ils ont enregistré des pertes importantes de recettes fiscales. La plus grosse part du déficit a été automatique (due à la chute de l'activité), notamment dans les pays de la zone euro. Les dettes publiques se sont fortement accrues.

Les banques centrales ont maintenu leurs taux d'intérêt directeurs au plus bas ; elles ont massivement refinancé les banques, puis les États. Cela a entraîné un fort gonflement de leur bilan. Dans les grands pays (États-Unis, Japon, Royaume-Uni, Allemagne, France), les taux d'intérêt de long terme ont fortement diminué. Une fois de plus, il a été confirmé que les déficits publics en période de récession ne faisaient pas monter les taux d'intérêt. Les marchés anticipent le fait que la dépression durera longtemps et que les taux d'intérêt resteront faibles. Ils doivent accepter de financer les États à des taux relativement bas. De même, il n'y a pas eu de hausse de l'inflation, effective ou anticipée : l'accroissement du chômage fait que les salariés ne peuvent obtenir des hausses de salaire, et la dépression empêche les entreprises d'augmenter leurs prix.

Le retour à des politiques keynésiennes a cependant été limité. Les volets clés du néolibéralisme n'ont pas été remis en cause : austérité salariale et sociale, recherche de compétitivité et globalisation financière. Dès 2010, l'une des trois grandes zones économiques du monde, l'Europe, a choisi de renouer avec des politiques orthodoxes. Une politique de soutien de la demande ne peut à elle seule contrebalancer une crise structurelle. Ce ne sont que des rustines temporaires qui ont été posées en situation de crise structurelle.

En période de crise, la politique monétaire trouve vite ses limites. Bien que bas, les taux restent élevés comparés à la faible croissance et à la faible inflation anticipées. L'incertitude sur les perspectives économiques, la baisse des revenus et des profits due à la dépression économique découragent les entreprises et les ménages d'emprunter et les banques de prêter. De même, en raison des incertitudes économiques et parce que les agents savent qu'il n'y aura pas de sitôt une période soutenue de forte croissance, la faiblesse des taux d'intérêt n'a pas permis de relancer une nouvelle bulle financière qui aurait pu soutenir la croissance.

La consommation des ménages s'est durablement contractée. Les salariés ont connu une forte baisse de leur pouvoir d'achat et une hausse du chômage ; les perspectives de hausse du chômage les incitent à épargner plutôt qu'à acheter des biens durables ; dans les pays anglo-saxons, les ménages souffrent de la chute des prix de l'immobilier et d'un fort endettement, dont le poids est accentué par le ralentissement de la croissance des revenus ; les classes moyennes souffrent de la crise financière, qui a fait considérablement diminuer leurs richesses, mettant en péril leur capacité à financer leurs dépenses de soins en cas de maladie grave, l'éducation de leurs enfants et leurs retraites. Les facteurs financiers qui soutenaient la croissance dans les pays anglo-saxons se sont inversés.

À court terme, le déficit public peut compenser la disparition de ces facteurs en distribuant des revenus aux ménages, sous forme de prestations sociales ou de réductions d'impôts. Le gonflement de la dette publique compense le dégonflement des bulles financières. Il doit donc être très marqué, à la mesure du dégonflement financier. Le fait est que, aux yeux des marchés financiers, ce gonflement n'apparaît pas soutenable. Si la croissance ne revient pas rapidement, les gouvernements sont obligés d'annoncer de futures hausses d'impôts ou réductions des dépenses publiques ; le soutien keynésien doit s'interrompre prématurément.

De même, les déséquilibres mondiaux n'ont pas été résorbés. Les pays excédentaires (Chine et autres pays asiatiques, Allemagne et Europe de Nord) continuent d'accumuler des excédents et de pratiquer des politiques de compétitivité, tandis que, du fait de la crise, les pays déficitaires ont du mal à continuer de s'endetter. La stratégie nécessaire (une relance des salaires et des dépenses sociales dans les pays excédentaires) n'est pas mise en œuvre, car elle se heurte aux intérêts des classes dirigeantes de ces pays.

Il faudrait maintenir des politiques budgétaires et monétaires expansionnistes tant que la croissance n'est pas revenue et que le taux de chômage ne baisse pas à un rythme satisfaisant. C'est la croissance qui devrait combler les déficits. La dette publique pourrait augmenter sans problème tant qu'elle est demandée par les épargnants et les marchés. Cependant, la crise a désorganisé le secteur financier et introduit une forte incertitude quant à la croissance économique. Elle a réduit la valeur du patrimoine boursier mondial, donc la richesse perçue par les agents, d'environ 28 000 milliards de dollars (soit 42 % du PIB mondial annuel). Il est difficile de compenser un tel choc par la politique économique. Les marchés financiers, les gouvernements et les détenteurs de dettes publiques s'affolent de la hausse de ces dernières, de sorte que la politique de soutien de la demande ne peut être maintenue. Les pays se lancent dans des politiques d'austérité qui les replongent dans la crise. La stratégie keynésienne limitée au soutien de la demande ne peut être qu'une solution d'attente avant une nouvelle phase de croissance auto-entretenue. L'exemple japonais montre que cette attente peut durer longtemps, et qu'elle peut ne pas déboucher sur la reprise.

EXISTE-T-IL UNE STRATÉGIE LIBÉRALE DE SORTIE DE CRISE ?

Fin 2011, deux stratégies de sortie de crise sont envisageables. La stratégie libérale consiste à tenter d'oublier la crise et à mettre fin au plus vite à l'épisode de retour au keynésianisme. Certes, les gouvernements ont reconnu qu'il convient de mieux contrôler l'activité des banques et des institutions financières ; les banques devront avoir davantage de fonds propres et limiter leurs activités spéculatives ; les organismes de régulation seront renforcés et tâcheront de rendre les marchés financiers un peu plus transparents. Mais, foncièrement, le rôle des marchés financiers ne sera pas remis en cause ; les régulateurs devront toujours s'épuiser à suivre les innovations introduites par les institutions financières ; les lobbies des banques continueront de faire pression pour réduire les exigences réglementaires ; les banques auront plus que jamais pour objectif de dégager un maximum de profits, puisqu'elles ne pourront développer leurs activités qu'en fonction de leurs fonds propres ; leurs résultats dépendront fortement de leur spéculation sur les marchés financiers, dont les fluctuations seront transmises au marché du crédit ; les spéculateurs continueront d'engranger des profits fabuleux grâce à l'instabilité qu'ils créent sur les marchés ; les paradis fiscaux et réglementaires continueront d'abriter une partie importante de l'activité financière. Le libéralisme oblige à se résigner à l'instabilité financière.

Le déficit des finances publiques induit par la crise financière et la menace des agences de notation est utilisé comme prétexte par les technocraties et les classes dominantes pour atteindre leur but de toujours : la réduction des dépenses sociales, tout particulièrement en Europe. Le FMI, par exemple, préconise une baisse de 8 points de PIB en dix ans de la part des dépenses publiques dans le PIB. Les libéraux refusent de voir l'utilité des dépenses publiques, tant pour la croissance (éducation, infrastructures) que pour le bien-être des populations (retraite, santé). Ils n'admettent pas que le gonflement des dettes publiques est nécessaire dans une situation d'incertitude où les agents privés refusent de s'endetter ou de se prêter. Selon eux, il faut poursuivre les réformes structurelles en libéralisant tous les marchés (biens, travail, finance). Les entreprises doivent rechercher des innovations et des gains de compétitivité et se redéployer dans les pays émergents pour profiter de leur croissance. Au nom de la compétitivité, les peuples des différents pays sont invités à combattre les uns contre les autres à coups de moins-disant salarial et social.

Selon la théorie libérale, la baisse des déficits publics relancerait la croissance : elle provoquerait une baisse des taux d'intérêt, et les ménages réduiraient leur taux d'épargne puisqu'ils n'anticiperaient plus de hausse des impôts. Mais les taux d'intérêt sont déjà au plus bas, et la baisse annoncée des dépenses sociales obligera au contraire les ménages à épargner davantage pour leur retraite.

Les libéraux refusent de se poser la question de la régulation macroéconomique à l'échelle mondiale. Ils prétendent que la flexibilité des salaires, des taux d'intérêt et des taux de change conduira automatiquement à un équilibre satisfaisant, sans voir que la stagnation, partout dans le monde, des revenus salariaux et sociaux engendre une tendance à la déficience de la demande qui ne peut être compensée que par de très bas niveaux de taux d'intérêt, l'éruption de bulles financières et la croissance insoutenable de l'endettement – la configuration même que la crise a fait imploser. Faut-il espérer une nouvelle bulle financière qui fournirait une richesse imaginaire aux entreprises et aux ménages ? Il est peu probable qu'elle se produise, car le souvenir de la bulle précédente est encore trop vivace.

Enfin, les économistes libéraux préconisent la poursuite des réformes structurelles, sans tirer la moindre leçon de la dérégulation des marchés financiers. Les pays occidentaux sont censés se sortir de la stagnation par la montée en gamme, l'innovation, c'est-à-dire la création perpétuelle par les grandes entreprises de nouveaux besoins et de nouveaux produits.

À la fin 2011, la stagnation économique en Europe ou aux États-Unis, les crises de la dette, la mise en œuvre de politiques d'austérité montrent que les libéraux n'ont plus de stratégie de sortie de crise. Pour une partie de leurs classes dirigeantes, la seule perspective est d'aller investir dans les pays émergents en faisant une croix sur les nations occidentales. Mais c'est là une stratégie suicidaire, car en Chine, en Inde ou au Brésil ils seront moins efficaces que les capitalistes nationaux.

UN NOUVEAU MODÈLE DE DÉVELOPPEMENT

Selon nous, une solution durable de sortie de crise suppose que soit défini un nouveau modèle de développement. Il faut retrouver l'inspiration fondatrice du keynésianisme, la nécessité d'un contrôle social de l'évolution économique. Des réformes profondes doivent être entreprises, remettant en cause la contre-révolution libérale, donnant un tournant au système productif, instaurant progressivement une autre gouvernance mondiale. On le voit, ce n'est pas une tâche aisée.

Le premier objectif doit être de dégonfler le secteur financier, de limiter fortement le rôle des marchés financiers et les activités spéculatives, de réduire les rentabilités requises par les marchés. Il faut recentrer le système bancaire sur le financement des activités productives.

La croissance mondiale doit devenir plus économe en énergie, en matières premières, en émissions de gaz à effet de serre et en pollution. Cela suppose une politique concertée de taxation écologique, ainsi que la création d'une Agence mondiale de l'environnement dotée de pouvoirs importants.

Il faut évoluer vers une société plus égalitaire, plus sobre et moins stressée. Les inégalités de revenus doivent être réduites, par la fiscalité, certes, mais surtout par une redéfinition du partage des responsabilités et des rémunérations dans les entreprises. L'orientation de la production et de la consommation ne doit pas être laissée aux marchés et aux grandes firmes, mais socialement réfléchie compte tenu des contraintes écologiques. Les États doivent inciter financièrement les entreprises à se redéployer dans l'économie verte.

Une gouvernance économique mondiale devra être mise en place. Les pays devront constituer un Conseil économique et financier qui, sous le contrôle des peuples, devrait guider l'orientation générale des politiques économiques. Ce conseil devra éviter les développements insoutenables (comme les bulles ou les innovations financières), éradiquer les paradis fiscaux et réglementaires, vérifier la compatibilité des objectifs de soldes courants et définir des niveaux de taux de change souhaitables. Il devra aussi remettre en cause les stratégies des pays qui fondent leur croissance sur les exportations, telles l'Allemagne ou la Chine ; ces pays devraient pratiquer une relance fondée sur la distribution de salaires et de revenus sociaux. Le Conseil économique et financier devra encore dénoncer les stratégies des pays anglo-saxons, fondées sur la croissance de l'endettement des ménages et sur les bulles financières. Il faudra faire reculer la mondialisation commerciale : les pays émergents devront se concentrer sur leur demande interne ; les pays industrialisés devront soutenir leurs emplois industriels.

Le soutien keynésien de la demande sans remise en cause radicale du néolibéralisme a montré ses limites. Autant la stratégie libérale refuse de tirer la leçon de la crise, autant le tournant régulateur paraît utopique à l'heure actuelle. Où sont les forces politiques, économiques, sociales qui pourraient l'imposer ? Le risque est que l'Europe ne réussisse pas à définir une nouvelle croissance, que les entreprises considèrent que le dynamisme est ailleurs, que l'investissement ne reparte pas, tandis que la consommation resterait bridée par la montée du chômage. L'Europe ne connaîtrait alors ni un renouveau de croissance à l'anglo-saxonne, ni un choix raisonné pour une croissance maîtrisée.

> PROPOSITION N° 1 : Les politiques économiques ne doi vent plus être sous l'emprise de l'idéologie néo-libérale. Elles doivent redevenir keynésiennes, social-démocrates, colbertistes.

> PROPOSITION N° 2 : La domination du capitalisme financier doit être brisée.

> PROPOSITION N° 3 : Une gouvernance économique mondiale doit être progressivement mise en place, sous le contrôle des gouvernements et des peuples.

2

LA POLITIQUE ÉCONOMIQUE EN EUROPE

Michel Dévoluy, Dany Lang, Catherine Mathieu, Jacques Mazier et Henri Sterdyniak

Les défauts de l'organisation de la zone euro révélés au grand jour par la crise ne sont pas nouveaux. Ils plongent leurs racines dans l'insuffisance des traités européens et les déficiences de la zone, qui ont contribué au creusement des déséquilibres, ainsi que, plus profondément encore, dans l'attitude de la technocratie des pays membres consistant à utiliser la construction européenne pour imposer des réformes libérales. La stratégie européenne adoptée pendant la crise est *atterrante* : elle est de nature à aggraver encore les problèmes économiques rencontrés depuis 2007. La question des dettes publiques s'en trouve posée d'une manière d'autant plus aiguë. Compte tenu de la situation de blocage dans laquelle se trouve la zone euro fin 2011, un tournant est nécessaire.

DES TRAITÉS SOURCES DE DÉSÉQUILIBRES

Les déséquilibres apparus avec la crise de 2007 trouvent leur origine dans des traités européens mal conçus.

Le Pacte de stabilité et de croissance (PSC), adopté en 1999, a amplifié les failles du traité de Maastricht. Ses règles numériques (la limitation des déficits publics à 3 % du PIB et des dettes publiques à 60 % du PIB, l'équilibre des finances publiques à moyen terme) n'ont aucun fondement économique. Il prévoit que la Commission puisse lancer des procédures de déficit excessif (PDE) contre les pays qui dépassent ces limites, mais ces derniers sont généralement des pays en dépression, qui refusent avec raison de mettre en œuvre des politiques restrictives dans une telle conjoncture. À l'inverse, le PSC ne permet pas à la Commission de peser sur les politiques des États membres dans les périodes favorables, lorsque des efforts budgétaires pourraient être faits. Il ne lui permet pas davantage de prendre des mesures à l'encontre des pays qui mènent des politiques trop restrictives. Enfin, il ne tient pas compte des soldes courants, de la compétitivité, des dettes privées ni des bulles financières et réelles. Ainsi, avant la crise, la Commission est-elle restée impuissante face au gonflement des déséquilibres en Irlande ou en Espagne, comme face à la stratégie allemande de recherche effrénée de compétitivité.

Selon le Pacte, les États devaient perdre toute autonomie en matière de politique budgétaire. Ils devaient d'abord porter leur solde structurel à l'équilibre, puis laisser la conjoncture s'ajuster d'elle-même par le seul jeu des stabilisateurs automatiques. La BCE devait assurer la stabilisation macroéconomique par la politique monétaire. Mais il est impossible de stabiliser les conjonctures de 17 pays avec un seul taux d'intérêt. De plus, la politique monétaire est totalement inefficace quand la dépression est trop profonde. Dans ce cas, des politiques budgétaires expansionnistes et concertées sont indispensables.

Or la coordination des politiques économiques (prévue par les articles 121 et 136 du TFUE – Traité sur le fonctionnement de l'Union européenne) est restée formelle. Polarisées sur des objectifs indifférenciés de finances publiques, les instances européennes n'ont pas été capables d'impulser une stratégie macroéconomique cohérente prenant en compte les différences de situation entre pays de la zone et mettant en place des objectifs en termes de croissance, d'emploi et de soldes extérieurs. L'UEM (Union économique et monétaire) a vu, depuis 1999, la persistance d'une croissance relativement médiocre. L'organisation de la zone euro, qui impose des politiques macroéconomiques semblables à des pays qui se trouvent dans des situations différentes, a accru les divergences entre les États membres, que ce soit au niveau de la croissance, de l'inflation, du chômage ou des déséquilibres extérieurs.

Avant la crise, on observait au sein de la zone euro une augmentation des disparités entre deux groupes de pays conduisant des stratégies macroéconomiques insoutenables :

• les stratégies néomercantilistes des pays du « Nord » (Allemagne, Autriche, Pays-Bas, Finlande) consistaient à brider les salaires et les dépenses sociales afin d'engranger des gains de compétitivité et d'accumuler de forts excédents courants. De 2000 à 2007, la part des salaires dans la valeur ajoutée a baissé de 4 points en Allemagne et de 5 points en Autriche. La faiblesse de la demande intérieure dans ces pays et leurs gains de compétitivité ont pesé sur la croissance de l'ensemble de leurs partenaires de la zone euro ; les pays du « Sud » (Espagne, Grèce) ainsi que l'Irlande, ont connu…

• les pays du « Sud » (Espagne, Grèce, Irlande) ont connu une croissance vigoureuse, impulsée par des taux d'intérêt bas relativement au taux de croissance et par des bulles immobilières. S'est ajoutée à cela en Irlande une politique de dumping fiscal. Tous ces pays ont accumulé d'importants déficits extérieurs.

En 2007, plusieurs pays de la zone avaient de larges excédents courants : les Pays-Bas (8,1 % du PIB), l'Allemagne (7,9 %), la Finlande (4,9 %), la Belgique (3,5 %) et l'Autriche (3,3 %), tandis que d'autres avaient de forts déficits : le Portugal (8,5 % du PIB), l'Espagne (9,6 %) et la Grèce (12,5 %). Ainsi, les 230 milliards d'euros d'excédents des pays du Nord créaient et finançaient les 180 milliards de déficits des pays méditerranéens.

Ces déséquilibres s'expliquent par les stratégies des pays, mais aussi par l'absence de mécanismes d'ajustement qui contribueraient à faire de la zone euro une zone monétaire optimale (ZMO). Le traité de Maastricht (1992) a fait le choix de la monnaie unique, qui supposait que l'Europe était une ZMO ou tendrait à le devenir. Une ZMO est un espace au sein duquel il est optimal d'avoir une seule monnaie plutôt que plusieurs. Chaque théoricien des ZMO a mis en avant des critères spécifiques à remplir en priorité pour basculer vers une seule monnaie. Leur liste donne une idée des difficultés qu'il y a à faire correspondre la réalité à la théorie. En effet, pour adopter une monnaie unique il faudrait s'assurer que les économies nationales concernées présentent les caractéristiques suivantes : mobilité des facteurs de production (notamment le travail), forte homogénéité des structures économiques et sociales, flexibilité des salaires et des prix, forte intégration fiscale, avec des impôts et des mécanismes de redistribution communs, préférences semblables en matière d'inflation et, plus généralement, de choix de politiques économiques et sociales. Au regard de ces critères, la tâche semble une gageure.

De fait, la zone euro n'était pas, lors de sa création en 1999, une ZMO au sens de la théorie économique. Au moment de la signature du traité de Maastricht, le choix de l'euro reposait sur l'idée que la seule existence de la monnaie unique allait finalement générer une forme de ZMO pour l'Europe.

La thèse selon laquelle une intégration financière accrue permettrait de créer des mécanismes de stabilisation suffisants grâce aux financements intra-zone euro a été largement véhiculée par la Banque centrale européenne et par la Commission durant les années 2000. Les crédits intra-zone et les revenus du capital provenant du reste de l'Union joueraient un rôle de stabilisation qui permettrait de faire l'économie d'un fédéralisme budgétaire. Cette thèse s'est révélée erronée. Les effets stabilisateurs qui peuvent être obtenus d'une plus grande intégration financière sont très réduits. Celle-ci, en revanche, en cas de crise financière, amplifie les effets de diffusion de la crise.

Restent les mécanismes d'ajustement par les prix relatifs, c'est-à-dire la compression des prix, et surtout des salaires, et les politiques d'austérité. Ces mécanismes ne sont efficaces qu'à moyen ou long terme pour réduire les déséquilibres, ils le sont d'une manière inégale selon les pays, et ils entraînent un freinage de la croissance. Ils sont moins efficaces s'ils sont mis en œuvre de manière généralisée dans un grand nombre de pays interdépendants, mais le sont plus si les pays concernés sont de petite taille. C'est la politique de l'Allemagne depuis la fin des années 1990 pour compenser les effets économiques de la réunification. C'est la politique imposée à la Grèce et aux autres pays de l'Europe du Sud depuis 2010. Cet ajustement brutal a provoqué une chute de la production. La réduction des déséquilibres budgétaires ne peut qu'être lente et partielle du fait de la contraction des recettes. En dehors des faiblesses de l'administration fiscale, les difficultés de la Grèce à atteindre ses objectifs ne doivent pas surprendre.

Au niveau de la zone euro dans son ensemble, la balance extérieure est proche de l'équilibre et les déficits publics sont plus faibles que dans d'autres pays de l'OCDE. Dans un contexte mondial où les déséquilibres de change sont considérables, l'euro pris globalement semble proche de sa parité d'équilibre. En revanche, les déséquilibres intra-européens sont considérables. L'euro est fortement surévalué pour les pays d'Europe du Sud, dont la France, et, au contraire, fortement sous-évalué pour les pays d'Europe du Nord, en particulier pour l'Allemagne.

Les estimations des désajustements de change donnent des ordres de grandeur importants : à la fin des années 2000, les euros espagnol et grec seraient surévalués de 20 à 40 %, l'euro portugais de 20 à 30 %, l'euro franc de 15 %, tandis que l'euro mark serait, lui, sous-évalué de 20 %. Ces désajustements bloquent la croissance et creusent les déficits publics et courants au Sud, tandis que la croissance au Nord est soutenue par les exportations, notamment vers le reste de la zone euro, facilitant la réduction des déficits publics. Les excédents de l'Allemagne sur l'Espagne, la France et l'Italie représentent ainsi au total, en moyenne, 3 % du PIB du pays à la fin des années 2000.

Ces désajustements monétaires reviennent, en définitive, à un soutien de la croissance des pays du Nord par les pays du Sud pour des montants considérables.

On peut estimer que 10 % de sous-évaluation équivalent à un transfert compris entre 2,5 % et 4 % du PIB (variable selon le degré d'ouverture). En sens inverse, une sous-évaluation comme dans les pays d'Europe du Nord représente un gain de production d'un montant équivalent. Cela signifie que l'Espagne, le Portugal et la Grèce ont été pénalisés par une perte de production de 5 % à 10 % du PIB, la France par une perte de 6 %, tandis que l'Allemagne bénéficiait, en sens inverse, d'un effet favorable équivalant à 8 % de son PIB.

En l'absence de mécanismes d'ajustement et de transfert efficaces, il apparaît clairement que la zone euro n'est pas une zone monétaire optimale.

UNE STRATÉGIE EUROPÉENNE ATTERRANTE

Face à la crise, la stratégie de la Commission et des États membres est proprement *atterrante*, car elle consiste à renforcer la logique des politiques mises en œuvre auparavant et à durcir l'esprit des traités. Plus précisément, cette stratégie comporte trois volets : l'application de plans d'austérité budgétaire, la réforme de la gouvernance de la zone euro et la mise en place d'un mécanisme de solidarité financière.

Le premier volet est l'*austérité budgétaire*, qui passe par la réduction à marche forcée des déficits publics. Pour la Commission européenne comme pour un certain nombre de gouvernements, même si la production et la demande restent déprimées, même si le taux de chômage est de 10 % pour l'ensemble de la zone, la réduction des déficits publics est l'objectif prioritaire. Elle doit principalement s'effectuer par la baisse des dépenses publiques, car la hausse des impôts serait nuisible aux incitations à travailler, à épargner et à investir.

Sous la pression du FMI, de la BCE et de la Commission européenne, les pays du sud de l'Europe doivent ainsi mettre en œuvre des plans drastiques de réduction des déficits publics. De 2009 à 2012, l'effort représenterait 17 % du PIB pour la Grèce, 10,5 % pour l'Espagne, 10 % pour l'Irlande, 9,5 % pour le Portugal. Les pays du Sud connaîtraient un fort recul de leur activité, puis une longue période de récession et de chômage élevé. Les autres pays, pressés par la Commission de rentrer dans les clous du PSC et craignant de voir leur dette déclassée par les agences de notation, se résignent à faire des efforts de l'ordre de 1,5 point de PIB en 2011-2012, en se fixant pour objectif un déficit inférieur à 3 % en 2012 ou 2013, puis un solde équilibré à long terme. Au total, les mesures de restriction budgétaire représenteraient 1,8 % du PIB en 2011 et 1,7 % en 2012. La croissance en Europe en sera fortement affectée. Les pays contraints de mettre en œuvre des politiques très fortement restrictives dans une situation de forts taux d'intérêt et d'instabilité financière le paieront par une importante chute d'activité. Dans ces conditions, les objectifs de déficit public ne pourront être tenus, ces pays souffriront d'une hausse des charges d'intérêt et d'une baisse des recettes fiscales, le ratio de dette s'envolera, ce qui justifiera la mise en œuvre de nouvelles mesures restrictives.

Le deuxième volet de la stratégie européenne est le *renforcement de la gouvernance européenne* à travers le Pacte pour l'euro+, décidé lors du Conseil européen des 24 et 25 mars 2011, et les Six Directives, proposées par la Commission en septembre 2010 et adoptées par le Parlement en octobre 2011. Ces réformes comportent quatre axes. Le premier est le renforcement des volets préventifs et correctifs du Pacte de stabilité et de croissance (PSC). Bien que la hausse des déficits publics soit une conséquence et non une cause de la crise financière, il s'agit de contrôler la trajectoire des finances publiques nationales et d'imposer la réduction progressive des dettes publiques. Les sanctions s'appliqueront de façon plus automatique et à un stade plus précoce qu'auparavant. La majorité qualifiée sera requise au Conseil pour s'opposer aux décisions de la Commission, dont le poids est donc renforcé. Il est aisé d'imaginer les situations de tension politique qui naîtront lorsque l'Europe imposera à un État membre des mesures comme la réduction du nombre des fonctionnaires, la baisse des retraites ou la diminution de certains investissements publics.

Deuxième axe, le durcissement du PSC s'accompagne d'une nationalisation des responsabilités : « Les États membres de la zone euro s'engagent à traduire dans leur législation nationale les règles budgétaires de l'UE figurant dans le Pacte de stabilité et de croissance. Les États membres conserveront le choix de l'instrument juridique à utiliser au niveau national mais veilleront à ce qu'il soit par nature suffisamment contraignant et durable (par exemple, la Constitution ou une législation cadre). » Cette disposition marque un tournant en imposant une pratique budgétaire résolument néolibérale à tous les États. Obéissant à cette injonction, le gouvernement français actuel veut ainsi intégrer à la Constitution une obligation d'équilibre des finances publiques qui paralyserait totalement la politique économique du pays.

Troisième axe, le Pacte Euro+ stipule également que les États membres doivent renforcer leur compétitivité et éviter les déséquilibres préjudiciables à la zone euro. Cet objectif passe surtout par un meilleur contrôle des salaires. Le but proclamé est de faire en sorte que les salaires n'évoluent pas plus vite que la productivité (mais le Pacte ne dénonce pas les pays où les salaires ont progressé nettement moins que la productivité). Le texte demande « de veiller à ce que les accords salariaux dans le secteur public viennent soutenir les efforts de compétitivité consentis dans le secteur privé ». On remarquera qu'il s'intéresse aux seuls salaires, ne donnant aucune ligne directrice concernant l'évolution des autres formes de revenu, en particulier les profits et les revenus du capital. Enfin, le Pacte promeut l'éducation tout au long de la vie, mais aussi la flexisécurité, la réduction des *charges* sur le travail par des réformes fiscales, la réduction des dépenses publiques de retraite et de santé. L'empreinte de la doctrine libérale est ici parfaitement lisible.

Le quatrième axe est la création d'un *semestre européen*. Celui-ci a vocation à coordonner *ex ante* (au préalable) les grands choix économiques et budgétaires des États membres, en assurant leur compatibilité avec les options stratégiques de l'Union. L'objectif proclamé est de conduire les États souverains à voter leurs différents budgets en fonction d'une stratégie collective. En pratique, le Conseil européen recense, en début d'année, les grands défis économiques et formule des orientations stratégiques. Les États membres doivent intégrer ces choix et élaborer en conséquence leurs budgets nationaux ainsi que des programmes de réformes. Ces derniers doivent être prêts avant le mois de mai. En juillet de chaque année, le Conseil européen et la Commission européenne effectuent une évaluation critique des programmes nationaux, avant que les États membres ne votent leurs budgets.

Ce semestre européen est une procédure lourde qui sous-estime sans doute le poids des enjeux nationaux. Il ouvre la voie à des conflits de souveraineté entre l'Union et les États en matière budgétaire. L'aspect « gouvernance économique commune » reste ici très formel. Le risque est que le semestre européen ne soit qu'un instrument supplémentaire dans l'arsenal du contrôle des finances publiques nationales.

En février 2011, la Commission a proposé un cadrage pour le premier semestre de coordination de politique économique. Les craintes que l'on pouvait avoir se sont malheureusement confirmées. Ce cadrage ne propose ni une stratégie de croissance, ni une stratégie de réformes en phase avec les exigences de la crise. Il repose sur dix mesures : mettre en œuvre un assainissement budgétaire rigoureux (dont l'impact macroéconomique n'est pas analysé : la situation des finances publiques reste prioritaire par rapport à celles de l'emploi et de l'activité) ; corriger les déséquilibres macroéconomiques (par la modération salariale dans les pays déficitaires, mais par la libéralisation des services et des commerces dans les pays excédentaires, pas par des hausses de salaires) ; stabiliser le secteur financier ; rendre le travail plus attractif (comme si le problème aujourd'hui était que les salariés refusent de travailler) ; réformer les systèmes de retraite (les rendre moins coûteux, favoriser les fonds de pension) ; réinsérer les chômeurs (par la baisse des prestations) ; concilier sécurité et flexibilité sur le marché du travail ;

exploiter le potentiel du marché unique (toujours la libéralisation des services et des commerces) ; attirer les capitaux privés pour favoriser la croissance (mettre sur pied des partenariats public-privé au risque d'augmenter le coût des investissements publics) ; permettre l'accès à l'énergie à un prix abordable (ce qui passe, dans l'esprit de la Commission, par des mesures de privatisation et de mise en concurrence). La stratégie macroéconomique, le tournant écologique, la politique industrielle sont les grands oubliés de ce cadrage.

Le troisième et dernier volet de la stratégie des technocraties européennes est le *Mécanisme européen de stabilité (MES)*. Il se substituera, en juin 2013, au système d'assistance financière lancé en juin 2010 pour trois années et qui comprend le Fonds européen de stabilité financière (FESF) et le Mécanisme européen de stabilisation financière (MESF). La mission du MES est de mobiliser des fonds et de fournir une assistance financière aux membres de la zone euro qui sont en difficulté. Ses aides sont subordonnées à une stricte conditionnalité qui soumet les États bénéficiaires à des programmes d'ajustement macroéconomique rigoureux (politiques restrictives). Elles prennent la forme de prêts ou, à titre exceptionnel, d'interventions sur le marché primaire des dettes souveraines. Dans ce dernier cas, la conditionnalité est extrêmement exigeante. Un tel mécanisme ne répond pas à une logique de solidarité entre États.

QUE FAIRE FACE À LA HAUSSE DES DETTES PUBLIQUES DUE À LA CRISE ?

La crise qui a éclaté en 2007 a entraîné une forte augmentation des déficits publics et des dettes dans tous les pays de l'OCDE. Les États ont soutenu l'activité et sont venus au secours de leurs systèmes bancaires ; ils ont dû accroître leurs dépenses de prestations chômage ; ils ont surtout enregistré de fortes pertes de recettes fiscales. Globalement, la détérioration des finances publiques de la zone a été inférieure à celle des États-Unis, du Royaume-Uni ou du Japon. Mais certains pays ont été plus touchés que d'autres – ceux qui connaissaient une croissance particulièrement vigoureuse : la Grèce (qui souffrait déjà d'un fort déficit public), l'Irlande et l'Espagne (qui ont souffert de l'éclatement de la bulle immobilière).

Durant la crise, le fort creusement des dettes et des déficits publics n'a pas provoqué de hausse des taux longs à l'échelle mondiale ; ceux-ci ont plutôt baissé, les marchés estimant que les taux d'intérêt monétaires resteraient longtemps bas, et que la dépression était telle qu'il n'y avait pas de risque d'inflation ou de surchauffe.

De 1999 à 2007, les marchés ne s'étaient pas inquiétés de l'accroissement des disparités au sein de la zone euro. En juin 2007, les taux d'intérêt publics à 10 ans n'allaient que de 4,5 % en Allemagne à 4,65 % en Grèce et en Italie. À partir de la mi-2008, les marchés ont pris conscience d'une faille dans l'organisation de la zone : alors que les gouvernements des autres pays développés ne peuvent pas faire faillite, car ils peuvent toujours être financés par leur banque centrale, ceux de la zone euro ont renoncé à cette possibilité lors de la mise en place de la monnaie unique. Certains États ont en effet conditionné leur adhésion à la mise en place de deux verrous : 1° la BCE n'a pas le droit de financer directement les États membres (article 123 du TFUE – Traité sur le fonctionnement de l'Union européenne) ; 2° la solidarité financière entre ces derniers est interdite (article 125 du TFUE). Ainsi, chaque État doit financer sa dette publique sur les marchés financiers. De ce fait, le financement des pays de la zone euro n'est pas assuré et la spéculation a pu se déclencher sur les plus fragiles d'entre eux : Grèce, Irlande, Portugal, puis Espagne et Italie.

En 2011, les dettes publiques apparaissent particulièrement élevées dans l'ensemble des pays de l'OCDE. Les dettes nettes dépassent 80 % du PIB en Belgique (82 %), en Grèce (97 %), en Italie (103 %), au Japon (114 %). Elles ont fortement augmenté en Irlande (+ 61 points de PIB depuis trois ans). Il est difficile de déterminer si ces niveaux de dette sont soutenables ou non : un pays peut maintenir un niveau de dette élevé s'il a la possibilité de se financer à 3 % ou 4 % avec un taux de croissance nominal de l'ordre de 4 %. Mais la dette devient insoutenable si l'écart grandit entre le taux d'intérêt requis par les marchés et le taux de croissance, d'autant plus que la hausse du taux d'intérêt réduit le taux de croissance.

Que faire face à la hausse de cette dette publique ? Les économistes sont partagés sur la réponse à apporter à cette question.

Certains économistes libéraux estiment que le fait que les pays du Sud ne puissent pas se refinancer sur les marchés prouve qu'ils sont insolvables[1]. Ils refusent que les pays « vertueux » soient obligés de payer pour les autres, et que la BCE mette en jeu sa réputation ainsi que la stabilité monétaire en leur venant en aide. Selon eux, une telle démarche encouragerait les pays du Sud à persister dans leurs politiques budgétaires « irresponsables ». Leur faillite montrerait clairement que chaque pays est responsable de sa dette ; elle éviterait d'obliger à mettre en place des mécanismes « déresponsabilisants » de solidarité entre les pays d'Europe. Elle prouverait aussi clairement aux marchés financiers que les dettes publiques sont risquées. Par conséquent, ceux-ci se montreront à l'avenir beaucoup plus vigilants. Les pays soumis en permanence au contrôle des marchés devront pratiquer des politiques « saines ». Mais ce point de vue néglige le fait que, comme l'histoire nous l'a enseigné, les marchés sont souvent aveugles. Rien ne prouve qu'ils disposent d'une quelconque compétence macroéconomique – bien au contraire.

En sens inverse, la Banque centrale européenne comme le lobby bancaire s'étaient opposés à toute forme de restructuration, et ce alors même que l'Allemagne s'était très tôt prononcée pour faire contribuer les banques, à un moment où un défaut partiel de la Grèce aurait été susceptible d'éviter la spirale spéculative. Leur préoccupation était que les banques essuient le moins de pertes possible ; ils proclamaient que les peuples des pays concernés devaient payer de leur sueur et de leurs larmes tant leurs déficits passés

1. Ainsi, 189 professeurs allemands d'économie ont publié en février 2011 un manifeste dans lequel ils réclamaient la mise en faillite des pays en difficulté.

que les taux d'intérêt exorbitants auxquels ils avaient dû consentir depuis la crise.

Les Économistes atterrés sont eux aussi divisés quant aux solutions à apporter au problème de la dette. Certains proposent que les pays touchés fassent défaut et ne remboursent pas la dette détenue par les gros détenteurs de titres, lesquels font partie des plus fortunés, qui ont été les principaux bénéficiaires à la fois des baisses d'impôts et du gonflement de la rente financière. Ce défaut devrait s'inscrire dans une stratégie forte : mettre fin au financement des déficits publics par les marchés financiers, au profit d'un financement bancaire *via* notamment la collecte de l'épargne au niveau national et continental, et faire garantir ces déficits par la BCE.

Les auteurs de ce chapitre estiment, pour leur part, que les dettes publiques doivent rester des actifs sans risque, faiblement rémunérés mais totalement garantis (par la solidarité européenne et par la BCE). Les dettes des pays de la zone euro ne doivent pas supporter des primes de risque plus élevées que celles des pays qui ont conservé leur souveraineté monétaire, tels le Japon, les États-Unis ou le Royaume-Uni. C'est le seul moyen de maintenir l'autonomie des politiques budgétaires.

Faire un défaut partiel sur une partie des dettes publiques est certes une option tentante, qui deviendra inéluctable pour un certain nombre d'entre elles si les politiques d'austérité devaient être poursuivies durablement. Mais, dans le futur, les dettes publiques deviendraient des actifs risqués, ce qui signifie que les États membres auraient à payer des taux d'intérêt plus élevés, que les fonds de pension refuseraient de détenir des dettes publiques, que les banques devraient immobiliser du capital pour en détenir, que l'influence des agences de notation serait renforcée, et que les marchés financiers spéculeraient sur les obligations publiques. Par ailleurs, faire défaut est risqué, dans la mesure où les créanciers pourraient entreprendre des actions judiciaires contre les États qui se déclareraient en faillite.

Ce défaut ne pénaliserait pas les plus riches, mais les épargnants qui se contentaient d'une rémunération faible. Il pénaliserait les fonds qui ont fait confiance aux pays menacés, et non les spéculateurs qui ont spéculé sur leur défaut. En revanche, si à l'avenir les dettes des États membres sont garanties par la BCE et par les autres États membres, les taux d'intérêt plus élevés sur les dettes publiques des pays du Sud que l'on observe depuis juin 2008 n'ont pas de justification. Les pays membres pourront décider de faire une opération d'échange obligataire, c'est-à-dire d'échanger les anciennes obligations contre de nouvelles avec un taux d'intérêt plus faible.

Une partie de l'augmentation de la dette publique vient de la recapitalisation des banques (30 % du PIB pour l'Irlande, 12 % pour les Pays-Bas, 5 % pour la Belgique et l'Autriche). Au cours de ces opérations, aucune contribution n'a été requise de la part des créanciers des banques, ce qui est une erreur si ceux-ci bénéficiaient de rémunérations intégrant une prime de risque importante. À l'avenir, la conversion des dettes bancaires en dettes publiques doit devenir impossible : la garantie publique ne devrait pas s'appliquer à des créances bénéficiant de taux d'intérêt intégrant une prime de risque.

Les États membres pourraient mutualiser une partie de leurs dettes actuelles. Cela ne sera utile que si c'est la dette des pays en difficulté qui est mutualisée, et non la dette des pays « vertueux ». Mais les gouvernements de ces pays se sont rendus coupables d'avoir permis le développement de bulles immobilières (Espagne et Irlande) et de la fraude fiscale (Grèce), et de prélever des impôts trop faibles (en 2007, 31,4 % du PIB pour l'Irlande, 32,4 % pour la Grèce, 37,1 % pour l'Espagne, contre 40,4 % en moyenne pour la zone euro). L'Irlande maintient sa stratégie de concurrence fiscale. Ainsi, la mutualisation ne doit être qu'une garantie temporaire, non un don sans contrepartie.

PROPOSITIONS POUR UNE NOUVELLE POLITIQUE ÉCONOMIQUE EUROPÉENNE

La zone euro a besoin de retrouver les 8 points de PIB perdus à cause de la crise. Les éléments de réponse avancés par les technocraties européennes ne sont clairement pas à la hauteur des enjeux. L'édifice européen apparaît fondamentalement fragile, et cela contribue à expliquer la récurrence des attaques spéculatives. Dans ces conditions, que faire ?

Fondamentalement, il faut envisager une réorientation : la zone euro ne doit pas se donner pour objectif de faire évoluer les États membres vers le modèle libéral, mais de retrouver une inspiration keynésienne, colbertiste et sociale, à laquelle il convient aujourd'hui de combiner une forte composante écologique.

Il est donc nécessaire de mettre en œuvre des programmes de grande ampleur. Ceux-ci pourraient être pensés et coordonnés dans le cadre d'une *planification fédératrice*[1]. Il s'agit d'une idée assez proche de la planification indicative qu'a connu la France par le passé, même si les contenus sont différents. La planification fédératrice que nous proposons comprendrait quatre volets essentiels : 1° une revalorisation de la Politique agricole commune (PAC), 2° une forte régulation de la finance, 3° une politique industrielle et de grands projets, 4° l'évolution vers une Europe sociale.

La revalorisation de la PAC aurait pour objet de promouvoir une agriculture indépendante, de proximité et de qualité. L'indépendance repose à la fois sur une production locale suffisante pour satisfaire les besoins des Européens et sur la maîtrise collective des semences, dont le contrôle et la protection relèvent du domaine public. La proximité passe par le rapprochement systématique entre les lieux de production et les lieux de consommation. La qualité impose une approche phytosanitaire soumise à des critères de responsabilité en matière de santé et d'environnement. La valorisation de l'agriculture dans l'intérêt des 500 millions de citoyens de l'UE implique une forte volonté collective.

Le deuxième volet consisterait à réguler fortement le système financier et à isoler les « activités casino »

1. Ce concept a été proposé par Michel Dévoluy. Cette planification est « fédératrice » à un double titre : elle soude les États membres en s'appuyant sur les enseignements du fédéralisme économique, et elle rassemble les citoyens autour de la vision d'une Union plus proche, plus forte et plus protectrice. Elle correspond, à bien des égards, à un essai d'actualisation des thèses de Keynes et de Jean Monnet. De Keynes, on retient les recommandations pour une forme de socialisation de l'investissement. De Jean Monnet, on conserve à la fois l'expérience de la planification indicative qu'il instaura dans la France de l'après-guerre et la volonté de réunir les Européens autour de projets communs.

par de nouvelles directives européennes. Il s'agit de réintroduire une forme de spécialisation bancaire, qui existait avant la grande période de dérégulation des années 1980 (c'était le *Glass-Steagall Act* de 1933 aux États-Unis ou encore la loi bancaire de 1945 en France), et ce afin de séparer clairement les activités d'intermédiation (collecte des fonds et distribution des crédits) des activités de marché (achat et vente de titres financiers). En outre, la finance casino, celle qui pratique uniquement des activités spéculatives déconnectées de l'économie réelle, serait cantonnée à l'intérieur d'un espace, réel ou virtuel. L'étanchéité devrait être parfaite entre les systèmes bancaires qui financent l'économie et le circuit autonome du « grand » casino.

Le troisième volet de la planification fédératrice serait la réhabilitation des grands programmes européens. Les instruments traditionnels des politiques industrielles nationales basés sur la logique des grands projets et des marchés publics ont été radicalement remis en cause par la libéralisation, la politique de la concurrence et les mutations technologiques. L'expérience accumulée demeure cependant, et une transposition devrait être recherchée au niveau européen dans plusieurs domaines. Il s'agit d'abord de programmes spécifiques portant sur des projets précis, tels que le projet de localisation par satellite Galileo (relancé en 2002). Ces projets, qui relèvent des hautes technologies, ont ou auraient des effets d'entraînement positifs et contribueraient, par la pratique, à la construction de réseaux de coopération fort utiles. Mais on peut penser aussi à des programmes de plus grande ampleur, à caractère plus structurant, susceptibles de préparer et d'accompagner la nécessaire reconversion écologique des économies européennes : investissements d'avenir, économies d'énergie, énergies renouvelables, éducation, recherche, infrastructures, rénovation des banlieues... L'Europe devrait enfin se doter de schémas directeurs dans les domaines des transports ferroviaires et des énergies renouvelables. Un plan européen réhabilitant l'intervention publique en liaison avec le secteur privé doit être élaboré.

Ces grands programmes seront financés à la fois par un grand emprunt au niveau européen (les euro-obligations ou *eurobonds*) et par des banques nationales de développement durable. Le grand emprunt serait souscrit auprès des ménages et garanti par les instances européennes (en particulier la BCE) ainsi que par les États membres[1]. Dans ce contexte, les taux européens seront beaucoup plus faibles, du même ordre que les taux américains aujourd'hui[2]. L'assainissement des finances publiques passera par les surplus résultant de la reprise, mais aussi par un relèvement de la fiscalité remettant en cause les allégements considérables accordés aux revenus du capital et aux catégories sociales les plus favorisées depuis le début des années 1990.

1. Notre projet diffère ainsi radicalement du projet actuel d'*eurobonds*. Dans ce dernier, les pays devraient faire dette publique commune. Le déficit des pays serait contrôlé par les instances européennes ou par les pays excédentaires – ce qui implique la mise en œuvre de nouveaux plans d'austérité – et les marchés se retrouveraient une fois de plus en position d'arbitres.
2. La banque centrale américaine procède, depuis le début de la crise, à un achat massif de titres du Trésor longs avec l'émission de titres courts, afin d'horizontaliser la courbe des taux et de contraindre les taux longs à baisser, ce qui permettrait de se rapprocher des taux courts zéro.

Cette stratégie de relance par les grands programmes européens serait complétée par une mobilisation du potentiel de croissance qui existe dans les pays bénéficiant d'une monnaie sous-évaluée et d'un moindre endettement public, au premier rang desquels l'Allemagne, y compris au moyen de hausses des salaires et des revenus sociaux.

Enfin, le quatrième volet de la planification fédératrice serait constitué d'un ensemble de mesures destinées à défendre et à développer le modèle social européen. Des niveaux minima par grands domaines (salaire minimum, couverture sociale, retraite), différents selon les pays, pourraient être fixés à titre d'objectifs. Dans certains cas, des procédures plus contraignantes seraient envisageables afin de faire respecter des normes minimales, par exemple sur le montant des retraites en pourcentage du revenu par tête. Dans le cadre du budget européen, un montant compris entre 0,5 % et 1 % du PIB de l'UE pourrait être consacré à un Fonds social européen qui financerait des transferts sociaux aidant à atteindre certains des seuils minima précédemment fixés, notamment en matière de niveau des retraites ou de couverture sociale. Un tel fonds s'adresserait en priorité aux pays les moins avancés de l'Union.

Il n'est pas acceptable que les marchés financiers puissent spéculer sur la faillite des États membres. La garantie mutuelle des dettes publiques des États membres doit être assurée par un Mécanisme européen de solidarité, sans limite d'engagement, et par la Banque centrale européenne. Cette garantie doit être totale pour les pays qui acceptent de soumettre leur politique budgétaire à un processus de coordination. Une telle coordination devrait avoir pour buts la croissance, la reconversion écologique et le plein emploi.

Elle devrait examiner l'ensemble des variables macroéconomiques, en particulier le solde extérieur et l'endettement privé. Le processus devrait toujours aboutir à un accord unanime sur une stratégie coordonnée mais différenciée. La coordination ne peut consister dans le respect de règles automatiques (comme celles du PSC) ; elle devrait passer par un processus de négociation entre les pays. Le traité devrait maintenir un dispositif en prévision de la situation où la négociation n'aboutirait pas. Dans ce cas, la nouvelle dette des pays hors accord ne serait plus garantie. Mais une telle situation ne doit jamais survenir.

Depuis 1999, les disparités se sont fortement creusées au sein de la zone euro. La situation actuelle appelle, à l'échelle européenne, un choix clair entre deux possibilités :

1. accepter un changement de parités entre les pays du Sud et ceux du Nord. Ce changement devrait être concerté. L'euro se transformerait en un système de change original. Un euro commun serait articulé, selon des parités fixes mais ajustables, avec des euros nationaux non convertibles et propres à chaque État. Une dévaluation des euros du Sud et une réévaluation des euros du Nord seraient ainsi opérées. En fonction des évolutions structurelles, des ajustements des parités intra-européennes pourraient ultérieurement être décidés de manière concertée. Cette transformation de l'euro peut être rapprochée des projets d'adaptation de la Clearing Union de Keynes à la zone euro. Les déséquilibres intra-zone seraient financés dans le cadre de la Clearing Union, avec un traitement équilibré des pays excédentaires et des pays déficitaires et la possibilité de procéder à des ajustements de parité en cas de nécessité.

2. lancer un programme spécifique de résorption des déséquilibres, qui devrait passer par des politiques expansionnistes dans les pays du Nord (hausse des salaires et des dépenses sociales), des politiques de lutte contre l'évasion fiscale et la corruption, et surtout des politiques de réindustrialisation dans les pays du Sud.

PROPOSITION N° 1 : Les pays de la zone euro doivent retrouver leur capacité à pratiquer des politiques budgé taires autonomes. Cela passe par l'engagement de la BCE à garantir les dettes européennes et par l'affirma tion d'une solidarité totale entre les États membres.

PROPOSITION N° 2 : À court terme, un programme spé cifique de résorption des déséquilibres de la zone euro
doit passer par des politiques expansionnistes dans les pays du Nord, des politiques de lutte contre l'évasion fis cale et la corruption, et surtout des politiques de réin dustrialisation dans les pays du Sud.

PROPOSITION N° 3 : Une nouvelle dynamique euro péenne doit être impulsée par la mise en place d'une planification fédératrice intégrant de grands program mes européens destinés à faire face aux défis économi ques, sociaux et écologiques auxquels l'Europe est confrontée.

3

LES ENJEUX D'UNE TRANSFORMATION ÉCOLOGIQUE QUI SOIT SOCIALE

Jean-Marie Harribey,
Philippe Quirion et Gilles Rotillon

Au second semestre 2007, il y eut comme un basculement. Basculement dans une crise financière sans équivalent depuis presque quatre-vingts ans et qui, en quelques mois, a dégénéré en une crise économique et sociale mondiale majeure. Le caractère systémique de cette crise a été d'autant plus marqué que, au même moment, les derniers doutes quant à la gravité de la crise écologique, énergétique et climatique étaient levés : il s'agissait cette fois-ci d'un basculement dans l'inconnu, puisque la planète se rapprochait de plus en plus rapidement de ses limites.

Ces événements sont-ils reliés entre eux ? Oui et non. Certes, les politiques néolibérales menées en France, en Europe et dans le monde ont fortement accentué les contradictions entre, d'un côté, les exigences d'une accumulation du capital à dominante financière, les contraintes imposées aux populations en termes de conditions de travail et de salaires, la fuite en avant dans un productivisme sans limites, et, de l'autre, l'incapacité définitive des marchés financiers à produire la stabilité tant promise et celle tout aussi criante du capitalisme mondialisé à répondre aux besoins sociaux d'une grande part de l'humanité et à renouveler les modes de développement afin de les rendre compatibles avec les équilibres écologiques.

Cependant, ces événements se déroulent dans des temporalités différentes. Les politiques néolibérales, généralisées à partir des années 1980, s'inscrivent dans le court et le moyen terme et correspondent à la phase du régime d'accumulation financière entre deux crises du capitalisme, celle du début des années 1970 et celle qui sévit actuellement. La crise écologique et du modèle de développement s'inscrit, elle, dans le long terme, et même le très long terme. Ainsi, les dégâts environnementaux qui explosent aujourd'hui sont ceux du modèle de développement né de la révolution industrielle, le meilleur exemple en étant les émissions de gaz à effet de serre, dont l'accumulation depuis deux siècles provoque maintenant le réchauffement climatique. La crise écologique ne s'inscrit pas seulement dans le long terme par ses causes, mais aussi par ses conséquences, qui vont s'étaler sur des siècles, voire des millénaires.

Ces temporalités différentes rendent difficile la résolution conjointe des problèmes économiques et sociaux d'une part et des problèmes écologiques d'autre part. Pourtant, c'est là l'enjeu central : comment inventer un modèle de développement humain rompant avec la marchandisation effrénée, pour répondre aux besoins sociaux, et rompant avec une exploitation sans retenue des ressources naturelles ? En d'autres termes, comment imbriquer une transformation des rapports sociaux et une transformation des rapports de l'humain avec la nature, qui est son seul cadre de vie ?

Afin d'aider à s'engager dans cette voie, nous proposons quelques jalons théoriques et normatifs, puis quelques pistes d'action transformatrice[1]. Nous

1. Pour compléter ce chapitre, voir GIEC, *Quatrième rapport d'évaluation*, 2007, http://www.ipcc.ch/pdf/assessment-report/ar4/

refusons la thèse du capitalisme vert, selon laquelle la croissance économique pourrait se poursuivre comme si de rien n'était grâce à un simple système de taxes qui attesterait la bonne volonté des capitalistes à intégrer la contrainte écologique. Nous contestons aussi la thèse de la décroissance, selon laquelle l'ensemble de la production devrait diminuer. Nous plaidons pour une économie réorientée radicalement vers la qualité, notamment à travers un développement des services non marchands et un contrôle de l'activité marchande.

LE PROGRÈS HUMAIN A ENCORE UN SENS

Les multiples impasses auxquelles conduisent l'accumulation financière et le productivisme sont aujourd'hui assez largement reconnues, au point que l'ONU a engagé il y a plusieurs décennies une réflexion et une action pour concevoir un développement qui soit socialement et écologiquement soutenable, associant ainsi équité intra- et

syr/ar4_syr_fr.pdf ; Global Chance, « Développement, énergie, environnement : changer de paradigme », *Les Cahiers de Global Chance*, n° 21, mars 2006 ; Global Chance, « Énergies renouvelables, développement et environnement : discours réalités et perspectives », *Les Cahiers de Global Chance*, n° 23, avril 2007 ; Jean-Marie Harribey, *L'Économie économe. Le développement soutenable par la réduction du temps de travail*, Paris, L'Harmattan, 1997 ; Gilles Rotillon, *Faut-il croire au développement durable ?*, Paris, L'Harmattan, 2008 ; Gilles Rotillon, *Économie des ressources naturelles*, Paris, La Découverte, coll. « Repères », 2010 ; Franck-Dominique Vivien, *Le Développement soutenable*, Paris, La Découverte, coll. « Repères », 2005.

intergénérationnelle[1]. Malheureusement, ces efforts n'ont guère été couronnés de succès, et, de conférence en conférence[2], les espoirs de voir aboutir rapidement des négociations internationales opérationnelles sur le climat, la biodiversité, la désertification, les forêts, etc., ont été souvent déçus.

Malheureusement, l'ampleur de la crise économique et financière actuelle a eu davantage tendance à faire renaître les incantations en faveur de la reprise d'une croissance économique sans discernement qu'à développer une réflexion critique sur le type de production à promouvoir.

Des voix s'élèvent cependant pour dénoncer radicalement la croissance économique et son assimilation au bien-être. Elles sont encouragées par le fait que, au fil des ans et des renoncements successifs des gouvernements à mettre en œuvre de véritables réformes, le mot d'ordre de développement durable a été peu à peu vidé de sa substance, au point que de nombreuses multinationales engagées dans l'extraction minière ou pétrolière, la distribution d'eau, la pharmaceutique ou tout simplement l'accaparement de terres en Afrique ou en Amérique du Sud en ont fait le paravent d'activités hautement polluantes et destructrices.

Ces voix discordantes font entendre deux problématiques : celle de la croissance verte et celle de la décroissance. Il nous paraît nécessaire de sortir de

1. Commission mondiale sur l'environnement et le développement, Rapport Brundtland, Notre avenir à tous, Montréal, Fleuve, 1987.

2. Les principales sont Stockholm en 1972, Rio de Janeiro en 1992, Kyoto en 1997, Johannesburg en 2002, Copenhague en 2009 et Cancún en 2010.

cette fausse alternative afin de promouvoir un véritable développement qualitatif.

La croissance verte ?

Dans cet axe de réflexion, on abandonne la référence au développement, dont les dimensions sont multiples (économique, sociale et environnementale), pour mettre l'accent sur la seule croissance économique, suffisamment reverdie pour relancer le capitalisme. L'idée est de conserver les avantages supposés de l'économie de marché mais de réorienter progressivement les activités économiques vers des objectifs écologiquement soutenables, en faisant le pari que le progrès technique permettra à l'avenir de trouver des solutions de remplacement à l'épuisement de certaines ressources, et que des incitations économiques adéquates amèneront les agents économiques à opérer des choix de production et de consommation « verts ». Les outils économiques privilégiés sont ceux qui assurent la « réinternalisation » des effets externes, c'est-à-dire l'intégration dans les prix de marché des coûts jusque-là ignorés ou rejetés sur la collectivité. Deux moyens sont envisagés : la mise en place de taxes censées couvrir les coûts sociaux réinternalisés, ou la mise en place de permis d'émission échangeables sur un marché créé à cet effet.

Pour l'heure, en France du moins, la fiscalité écologique est encore très peu développée, et la taxe carbone, qui aurait pu lui donner davantage d'ampleur, a été enterrée avant même de naître, à la fin de 2009. Au sein de l'Union européenne fonctionne depuis 2005, dans le cadre du protocole de Kyoto, signé en 1997 et qui court jusqu'en 2012, un marché de permis d'émission de quotas d'équivalent carbone. Plusieurs raisons expliquent que ce marché n'ait pas permis de limiter les émissions de gaz à effet de serre autant qu'on l'espérait :

1. les quotas ont jusqu'ici, dans la première phase, été alloués aux industries gratuitement et en trop grande quantité ;
2. les mécanismes d'application conjointe et de développement propre permettent aux entreprises, si elles investissent dans les pays d'Europe orientale et dans les pays du Sud, d'acquérir à bon compte des crédits carbone leur évitant d'accomplir des efforts à domicile ;
3. le marché du carbone a tendance à devenir hautement spéculatif et volatil, ce qui découle directement de la marchandisation des biens non produits.

L'option de la croissance verte est donc fondée sur le pari que l'économie capitaliste peut trouver en elle-même les ressorts de sa propre transformation et qu'une « nouvelle donne » peut être instaurée. La référence à un Green New Deal est régulièrement évoquée, et pas seulement aux États-Unis.

Cependant, on peut formuler à l'encontre de cette voie au moins trois objections. Tout d'abord, par sa confiance dans le progrès technique, elle postule une substitution continue de ressources fabriquées par l'homme aux ressources naturelles que celui-ci aurait épuisées ; cette hypothèse correspond à ce que les spécialistes appellent la conception faible de la soutenabilité. Mais une telle confiance repose sur un pari dangereux et égoïste : on peut gaspiller les ressources de la planète, puisqu'on prépare les moyens techniques qui permettront aux générations futures de se débrouiller sans elles.

Ensuite, cette thèse ignore le fait que la baisse de l'intensité énergétique et du contenu en ressources de la production n'a pas permis un découplage absolu entre l'évolution de la production et celle de la consommation de ressources naturelles, capable de résoudre la question écologique. Une unité de produit a beau nécessiter de moins en moins d'énergie et de matière, le découplage n'est que relatif, et non pas absolu, tant que la production augmente plus vite que ne baisse l'utilisation des ressources par unité produite, ou encore parce que la baisse des coûts induite par une meilleure efficacité provoque une augmentation de la consommation de matières. C'est l'effet rebond, connu aussi sous le nom de paradoxe de Jevons, qui empêche que la baisse de l'intensité énergétique ou de l'intensité carbone soit suffisante pour miser sur une croissance économique perpétuelle. Dans le même ordre d'idées, la dématérialisation de l'économie n'est jamais que relative. Ainsi, le produit mondial a, en gros, doublé depuis 1980, tandis que la consommation d'énergies fossiles s'est accrue de « seulement » trois quarts, les émissions mondiales de CO_2 connaissant une augmentation de la même ampleur.

Cette stratégie, enfin, postule que le capitalisme est capable d'amender sa logique profonde de recherche du profit à tout prix et à très court terme. Bien qu'il se démarque nettement de l'idée d'une croissance verte, Tim Jackson, responsable de la Commission du développement soutenable du Royaume-Uni, accepte lui aussi, dans son livre *Prospérité sans croissance*[1],

1. Tim Jackson, *Prospérité sans croissance. La transition vers une économie durable*, Bruxelles et Namur, De Boeck et Etopia, 2010.

cette hypothèse d'une compatibilité entre capitalisme et absence de croissance. Mais peut-on croire que le capitalisme serait capable de se satisfaire d'une rentabilité en diminution, d'un tarissement des gains de productivité, et donc d'une accumulation tendant vers zéro ?

La décroissance ?

Tirant les conséquences des limites de la planète et de l'impossibilité de généraliser le mode de vie des habitants les plus riches à l'ensemble des êtres humains, certains théoriciens proposent d'adopter la voie radicale de la décroissance de la production, de renoncer au développement économique, qui serait indissociable de la croissance, voire de « sortir de l'économie[1] ». Cette voie, longtemps restée très marginale, rencontre un écho plus important aujourd'hui dans le contexte de crise générale. Cependant, elle laisse de côté nombre de difficultés à résoudre.

Tout d'abord, la responsabilité qui incombe à la génération actuelle est d'amorcer une transition vers un mode de production et de consommation soutenable à long terme. Cette transition, qui s'étalera sans doute sur plusieurs décennies, nécessitera des investissements massifs afin d'assurer la reconversion de l'agriculture, de l'industrie, de l'énergie, des transports, de l'urbanisme, de l'habitat, etc., investissements qui ne pourraient être réalisés dans un contexte de régression globale de la production.

De plus, l'option de la décroissance ne fait pas suffisamment la distinction entre les productions inutiles

1. Serge Latouche, *Le Pari de la décroissance*, Paris, Fayard, 2006.

ou trop destructrices de l'environnement, qu'il faudra réduire, et celles qu'il faudra développer, car utiles et moins destructrices[1]. Le raisonnement peut être étendu à l'échelle planétaire : les pays les plus riches, qui ont une empreinte écologique insoutenable, devront la réduire fortement, alors que, dans les pays du Sud, la croissance économique est indispensable pour satisfaire les besoins de base de larges fractions de la population.

Il vaudrait donc mieux parler de décroissance des consommations de matières premières et d'énergie plutôt que de décroissance de la production globale pendant toute la phase de transition. De la même façon, la diminution de la productivité du travail, en faveur de laquelle plaident les partisans de la décroissance, aboutirait à une impasse. La diminution de la durée individuelle du travail fait évoluer différemment la productivité par tête et la productivité horaire. Si, dans certaines conditions, la diminution de la première peut être envisagée pour enrichir le contenu de la production en emplois[2], la diminution de la seconde paraît exclue – sauf dans le cas où cette productivité est obtenue au détriment de la santé des travailleurs – sous peine de régression absolue du bien-être.

1. Voir Attac (dir. Jean-Marie Harribey), *Le développement a-t-il un avenir ? Pour une société solidaire et économe*, Paris, Mille et une nuits, 2004 : http://www.france.attac.org/sites/default/files/attac-developpement.pdf.

2. Nous disons bien « enrichir le contenu de la production en emplois » et non pas « enrichir le contenu de la croissance en emplois ». On détaillera plus loin l'idée selon laquelle l'emploi peut se développer autrement que par la seule croissance.

Au final, la discussion doit porter avant tout et le plus rapidement possible sur la qualité de la production et sur sa structure. Ainsi, il sera plus facile de reconsidérer l'aspect quantitatif.

Un développement qualitatif

Nous faisons ici le choix de proposer une stratégie de développement qualitatif aussi éloignée d'une économie de profit dont seule la façade serait repeinte en vert que d'une illusoire sortie de l'économie. La croissance économique infinie est impossible ; dans la situation actuelle de crise globale du système, la recherche d'une croissance matérielle forte comme voie de sortie de crise et comme projet de civilisation est impraticable et illusoire. Nous faisons nôtre l'idée de Nicholas Georgescu-Roegen – penseur dont se réclament les partisans de la décroissance –, qui maintenait, contre l'avis de ses épigones (successeurs) actuels, la distinction établie par les pionniers de l'économie du développement entre croissance et développement[1].

À cette fin, un développement social et écologique devrait être fondé sur les principes suivants – une fois les structures monétaires et financières transformées et étroitement contrôlées :

• la protection et l'extension, au fur et à mesure des besoins, de la sphère non marchande pour produire les services d'ordre qualitatif que sont l'éducation, la santé, la culture, la recherche... (voir ci-dessous l'encadré « Le PIB, le marchand et le non-marchand »),

1. Nicholas Georgescu-Roegen, *La Décroissance. Entropie, écologie, économie*, Paris, Sang de la terre, 1995.

et la délimitation stricte de la sphère marchande, avec obligation pour elle de respecter scrupuleusement les normes sociales et environnementales décidées collectivement ;

• la mise en débat public des grands choix d'investissement, notamment en matière d'infrastructures, de transports et dans le domaine énergétique ; dans cette optique, une planification démocratique, économique et écologique est indispensable ;

• la relocalisation, autant que faire se peut, des activités, notamment pour préserver la souveraineté alimentaire des peuples ;

• la mise en cohérence des outils économiques utilisés avec les normes socio-écologiques : ainsi, la fiscalité écologique doit s'inscrire dans une réforme globale de la fiscalité afin de la rendre juste et véritablement incitative ; il doit être possible de différencier par le prix les usages de certains biens selon qu'ils répondent à des besoins de base (alimentation, hygiène, santé) ou à des considérations de confort, voire d'ostentation ;

• une stratégie de développement qualitatif coordonnée à l'échelle européenne et mondiale, étant donné qu'un grand nombre de problèmes écologiques ne peuvent trouver de solution à l'intérieur d'un cadre exclusivement national (réchauffement du climat, épuisement des ressources...) ; pour favoriser cette coopération, une régulation planétaire et une répartition équitable des efforts entre pays riches et pays pauvres doivent être organisées dans une double direction : détermination de normes mondiales de gestion commune des ressources, dont le respect serait contrôlé par l'ONU et ses agences, et libre accès aux connaissances dégagées de tout droit de propriété privée, de manière à compenser l'énorme dette écologique contractée au cours des siècles précédents par le Nord vis-à-vis du Sud ;

• un processus permanent de délibération à l'échelle mondiale, qui doit permettre de définir les contours et la préservation des biens que l'humanité décide de considérer comme communs[1].

C'est à ces conditions que le développement soutenable ou durable peut retrouver un sens qui ne soit pas conditionné par la seule extension de la consommation matérielle, mais qui soit désormais attaché à la qualité de l'activité économique et des relations sociales. C'est ainsi que l'on peut redéfinir le progrès en ce début de XXIe siècle.

LE PIB, LE MARCHAND ET LE NON-MARCHAND

> Le produit intérieur brut (PIB) contient le produit marchand, mais aussi le produit non marchand, qui a une évaluation monétaire. Ce dernier est loin d'être négligeable puisque, dans la plupart des pays capitalis tes développés, en retenant simplement ses deux com posantes principales que sont l'éducation publique et les soins de santé dans les hôpitaux publics, il représente autour d'un quart du PIB total.
>
> Contrairement à une légende tenace, les services ren dus dans les domaines non marchands ne sont pas inu tiles ni parasitaires. Ils ne s'effectuent pas au détriment de l'activité marchande, mais sont expressément productifs de valeurs d'usage

1. L'eau, par exemple, est un bien naturel, mais il devient bien commun par construction sociale.

primordiales pour le bien-être humain et pour la cohésion sociale[1]. Toutefois, ils ont la caractéristique de ne pas rapporter de profit ; c'est d'ailleurs pour cela qu'ils sont dénigrés par l'idéologie dominante et se voient imposer l'austérité. Pendant la phase de transition vers une économie socialement et écologiquement soutenable, on ne peut dire à l'avance si le PIB augmentera parce que les pro ductions qui auront crû l'emporteront sur celles qui auront décru, ou bien s'il diminuera parce que l'inverse se sera produit. On ne peut deviner non plus si le renché rissement des productions écologiquement propres et socialement justes fera plus ou moins que compenser, en termes de valeur de la production globale, une éventuelle diminution des volumes produits.

DES PISTES D'ACTION TRANSFORMATRICE

L'idée générale est d'accomplir une transition afin de changer progressivement de modèle de développement. Cette transition doit s'appliquer dans tous les secteurs qui conditionnent le type de production et

1. Voir plus loin le chapitre « Éloge de la dépense publique » ; voir également Jean-Marie Harribey, « Le travail productif dans les services non marchands : un enjeu théorique et politique », *Économie appliquée*, vol. LVII, n° 4, décembre 2004, p. 59-96, http://harribey.u-bordeaux4.fr/travaux/valeur/productif-non-marchand.pdf ; Jean-Marie Harribey, « Expectation, Financing and Payment of Nonmarket Production : Towards a New Political Economy », *International Journal of Political Economy*, vol. 38, n° 1, printemps 2009, p. 58-80, http://harribey.u-bordeaux4.fr/travaux/valeur/ijpe-nonmarket.pdf.

les manières de consommer, allant de l'énergie, des transports et de l'agriculture au logement, au recyclage, etc. De manière transversale, elle doit en même temps, pour réussir, s'attacher à développer un emploi de qualité dont la clé réside dans une répartition équitable des gains de productivité obtenus sans dommage pour les humains et l'environnement. Cette nécessaire transition ne peut être laissée aux mains des firmes multinationales ; elle doit au contraire être maîtrisée par la société toute entière.

Objectif énergie

Avant la révolution industrielle, les besoins énergétiques de l'humanité étaient essentiellement satisfaits par les énergies renouvelables (soleil, vent, force motrice de l'eau, énergie animale), donc par des flux – à l'exception notable du bois, puisque la déforestation a commencé dès la fin de la préhistoire. Depuis, la grande majorité des besoins énergétiques (92 % de la consommation d'énergie primaire en 2010, selon la *Statistical Review of World Energy* de BP) sont satisfaits par des prélèvements sur des stocks : charbon, pétrole, gaz naturel et uranium. Si les points de vue divergent quant à la possibilité d'une croissance *économique* infinie dans un monde fini, il est évident qu'il ne peut y avoir de prélèvement *matériel* indéfini d'une ressource non renouvelable – *a fortiori* si ce prélèvement augmente, comme cela a été le cas de manière presque continue depuis la révolution industrielle.

Les conséquences d'un tel mode de développement, par nature insoutenable, apparaissent de plus en plus graves.

La combustion des énergies fossiles constitue la principale cause du changement climatique en cours. Dans ce domaine, tous les indicateurs sont au rouge : les émissions augmentent plus vite que prévu ; le « puits de carbone » que représente l'océan perd de son efficacité sous l'effet du réchauffement ; ce dernier va faire fondre une grande partie du pergélisol sibérien, entraînant une importante libération de méthane et de CO_2 qui va renforcer ce même réchauffement. Alors même que les négociations internationales sont dans l'impasse, les impacts négatifs du changement climatique sont de plus en plus clairement mis en évidence, qu'il s'agisse de la baisse des rendements agricoles dans les pays en développement, de la santé, de la biodiversité ou des événements météorologiques extrêmes.

En mars 2011, les dangers du nucléaire se sont rappelés au bon souvenir de ceux qui en doutaient encore avec l'accident de Fukushima, faisant perdre toute crédibilité à la fameuse (mais déjà fumeuse avant Fukushima) théorie de la « renaissance du nucléaire ». La prolifération se poursuit, et le cas de l'Iran souligne le caractère illusoire d'une séparation entre nucléaire civil et nucléaire militaire. La question des déchets reste insoluble après des décennies de recherche. Les ressources en uranium interdisent une relance mondiale massive sans recours à la très hypothétique « quatrième génération » de réacteurs. Les coûts et les délais des chantiers de centrales de type EPR en Finlande et en France explosent, tout comme les coûts estimés du démantèlement, tandis que les dernières évaluations du bilan de Tchernobyl aboutissent à une fourchette de 7 000 à 37 000 morts, bien loin des quelques dizaines que, pendant longtemps, les autorités nucléaires internationales se sont bornées à reconnaître officiellement.

La rétention des informations, par les pays producteurs et les compagnies pétrolières, sur les réserves de pétrole disponibles rend très difficile de prévoir l'évolution de la production et des prix. Néanmoins, le fait que la production mondiale ait pratiquement cessé d'augmenter depuis 2006, malgré la hausse de la demande en provenance des pays émergents, indique que les estimations des réserves pétrolières publiées par l'Agence internationale de l'énergie – qui fondent le discours « optimiste » selon lequel il n'y a pas lieu de craindre une pénurie dans un proche avenir – sont sans doute largement surévaluées. Certes, les réserves d'hydrocarbures non conventionnels (gaz et pétrole de schiste, sables bitumineux…) et la transformation du charbon en carburant liquide constituent des alternatives, mais au prix d'impacts sur l'environnement local et sur le climat encore plus graves que ceux dont est responsable le pétrole. De même, le développement des agrocarburants, loin de constituer une panacée, comme le prétendent le lobby agricole et le gouvernement français, génère souvent des émissions du même ordre de grandeur que les fossiles en entraînant la conversion de forêts et de prairies en sols agricoles, et, de plus, aggrave la pauvreté en poussant les prix agricoles à la hausse, au point que même les institutions internationales demandent l'arrêt des soutiens publics à ce secteur[1].

1. *Price Volatility in Food and Agricultural Markets : Policy Responses* : http://www.ictsd.org/downloads/2011/05/finalg20report.pdf.

À la fin des années 1970 et au début des années 1980, les gouvernements français ont répondu aux chocs pétroliers en développant le programme nucléaire, mais aussi en mettant en place des programmes d'économies d'énergie ambitieux pour l'époque. Hélas, dès 1986, le contre-choc pétrolier et l'idéologie libérale du gouvernement Chirac ont mis un terme à ces efforts en coupant le budget de l'Agence française pour la maîtrise de l'énergie. En 2007, le Grenelle de l'environnement a pu faire brièvement illusion, mais Nicolas Sarkozy a rapidement sifflé la fin de la récréation avec sa célèbre formule : « L'environnement, ça commence à bien faire », qui s'est traduite par le renoncement à la contribution climat-énergie et par la multiplication des freins au développement de l'éolien et du photovoltaïque.

Cette transition énergétique vers une économie soutenable, basée sur les flux d'énergies renouvelables et non sur les stocks d'énergies fossiles et fissiles, est tout sauf aisée. En particulier, elle requiert une réduction massive de la consommation d'énergie, faute de quoi les énergies renouvelables, à elles seules, ne pourront satisfaire les besoins de consommation à un coût raisonnable.

Une telle transition n'en est pas moins possible[1], et urgente. Elle doit être mise en œuvre dans le respect du droit au développement (durable) des pays pauvres, et de manière à réduire les inégalités, non pas à les aggraver. Elle nécessite des politiques publiques beaucoup plus volontaristes que celles mises en œuvre – timidement, modestement

1. Cf. Association négaWatt, *Le Manifeste négaWatt*, Actes Sud, 2012.

et souvent sans continuité – jusqu'à présent. Les réglementations et la fiscalité y ont leur part : les premières sont indispensables pour améliorer l'efficacité énergétique des équipements (au sens large : appareils électriques, véhicules, bâtiments...) offerts sur le marché ; la seconde s'impose pour orienter les choix vers les équipements les plus efficaces, et surtout pour qu'ils soient utilisés de la manière la plus sobre possible. La planification publique des infrastructures a aussi un rôle essentiel à jouer, qu'il s'agisse des réseaux d'énergie et de transport ou de l'urbanisme.

Objectif transports

C'est dans le secteur des transports que les émissions de gaz à effet de serre ont le plus augmenté (+ 12 % entre 1990 et 2010, sans compter le transport aérien international, dont les émissions ont crû encore plus vite), malgré une stabilisation depuis quelques années, due notamment à la hausse du prix du pétrole. Inverser cette tendance suppose d'agir sur tous les leviers : amélioration de l'efficacité des véhicules, report vers les modes de transport moins émetteurs (le rail et la voie navigable plutôt que la voiture, le camion et l'avion), arrêt de l'étalement urbain, rapprochement des logements et des zones d'activité et de commerce... Or les gouvernements récents n'ont agi que sur le premier levier, à travers en particulier le bonus-malus (un succès) et le soutien aux agrocarburants, coûteux et générateur d'effets pervers, comme mentionné plus haut. Sur les autres fronts, les politiques publiques conduisent au contraire à aggraver les problèmes. Ainsi, la part du fret ferroviaire a été divisée par deux en France en dix ans[1], tandis que la déréglementation du transport routier et du transport aérien a favorisé les modes de transport les plus polluants et dégradé les conditions sociales, notamment dans les compagnies « low cost ». De même, bien des politiques publiques, comme le prêt à taux zéro, favorisent l'étalement urbain[2], tandis que l'État et certaines collectivités territoriales, tel le département des Hauts-de-Seine, continuent de favoriser les zones de mono-activité, à l'image de La Défense.

Objectif agriculture-souveraineté alimentaire

La brusque aggravation des conditions alimentaires dans le monde au cours des dernières années est très préoccupante. La FAO (Food and Agriculture Organization) a établi que le nombre de personnes mal ou insuffisamment nourries a de nouveau dépassé le milliard. L'érosion des rendements et l'accaparement des terres pour des cultures d'exportation au détriment des cultures vivrières dans les pays du Sud en sont certainement responsables. Mais à cela s'ajoutent aussi les soubresauts des prix sur les marchés agricoles : leur extrême volatilité s'explique par l'abandon progressif des mécanismes de régulation et par la spéculation qui règne sur ces marchés.

1. De 58 milliards de tonnes/kilomètre (16 % du total du transport) en 2000 à 30 milliards (8 %) en 2010, selon les *Comptes des transports 2010*.
2. Réseau Action Climat-France, *Étalement urbain et changement climatique*, http://www.rac-f.org/IMG/pdf/Etalement% 20urbain% 20et% 20 changements% 20climatiquespdf.pdf.

Aussi une transition vers une agriculture soutenable doit-elle être engagée très rapidement dans trois directions complémentaires :

• promouvoir un nouveau modèle qui privilégie l'agriculture paysanne et l'agriculture biologique, dans les pays riches comme dans les pays pauvres, les aides publiques étant réorientées à cette fin ;

• réguler fortement les marchés agricoles, qui doivent être rigoureusement encadrés à l'échelle mondiale afin de faire sortir les denrées agricoles et, au-delà, toutes les matières premières de l'emprise de la spéculation et des aléas du marché. À l'échelle européenne, il faut combattre la tentative de la Commission pour « renationaliser » les politiques agricoles, car cela risque d'entraîner une accentuation de la guerre commerciale. D'ores et déjà, l'Union européenne promeut ses exportations de céréales, tandis que les États-Unis gèlent 30 millions d'hectares ou que la Nouvelle-Zélande augmente ses exportations de lait pour profiter du timide effort européen de maîtrise de la production[1] ;

• aider les pays du Sud à construire leur souveraineté alimentaire, ce qui passe impérativement par l'accès à la terre.

Les investissements publics pour la reconversion

Tous les projets d'investissements publics devront satisfaire à des critères d'efficacité économique, d'utilité sociale et de soutenabilité écologique. Une

1. Voir Aurélie Trouvé et Jean-Christophe Kroll, « Histoire d'un grand bond en arrière » et « Rendre les outils aux États », *Politis*, n° 1161, 14 juillet 2011.

nouvelle politique industrielle devra être impulsée autour de l'innovation et du développement des économies d'énergie, notamment dans le bâtiment, le logement et les transports. La priorité sera donnée au développement des énergies renouvelables, tandis que sera conduit le programme de transition pour mettre fin progressivement à l'industrie nucléaire.

Les services publics seront réhabilités et modernisés. En particulier :

• l'Éducation nationale sera une priorité ;

• le réseau ferré restera du domaine public et à gestion publique ; les investissements ne seront pas réservés aux grandes lignes, mais au contraire répartis de façon à améliorer les dessertes régionales et locales ;

• le secteur de l'énergie sera déprivatisé et ses programmes d'investissement seront rigoureusement contrôlés afin d'assurer la reconversion énergétique ;

• un service public du logement sera créé qui veillera, entre autres missions, au respect de la loi SRU (minimum de 20 % de logements sociaux dans une commune).

La reconversion de l'appareil productif implique qu'une planification démocratique des grands choix d'avenir soit restaurée. Elle va de pair avec le maintien dans le cadre de la propriété publique (nationale ou locale) des unités produisant des services essentiels tels que l'eau, l'énergie, les infrastructures et les transports collectifs.

Objectif emploi et réduction du temps de travail

Le capitalisme néolibéral a mis l'emploi dans un état déplorable, du point de vue tant quantitatif que qualitatif. Le chômage se situe à un niveau très élevé en France depuis les années 1980 (entre 2,5 et 3 millions de demandeurs d'emploi pour la catégorie A, personnes sans aucun emploi recherchant un travail, et entre 4 et 5 millions, en comptant toutes les personnes qui souhaiteraient travailler ou travailler plus). La précarité s'est installée, insidieuse, à coups de contrats à durée déterminée pour les nouveaux embauchés, d'intérim, de temps partiels imposés, tandis que le droit du travail et les protections qui lui étaient attachées étaient de plus en plus écornés, au nom de la flexibilité et surtout de la valeur pour l'actionnaire.

C'est en effet le détournement de la valeur ajoutée au profit du capital qui explique fondamentalement la dégradation du niveau de l'emploi et de sa qualité depuis trois décennies. La courte période 1997-2001 fut la seule à allier une croissance plus soutenue, la réduction du temps de travail et un léger assouplissement des règles néolibérales qui obéraient la politique économique. Il est probable que les gains de productivité – lesquels sont toujours la source de la croissance économique – resteront dans l'avenir, au sein des pays riches, relativement faibles en raison de la poursuite de la tertiarisation de l'économie et des contraintes écologiques. Mais, au lieu de rechercher la croissance maximale de la productivité, il conviendra de ne favoriser que les gains obtenus sans intensification du travail et sans ponction irrémédiable sur l'environnement.

C'est dire combien la réduction du temps de travail revêt une importance cruciale pour atteindre un triple objectif :

1. créer un écart entre l'évolution de la production et celle de la productivité par tête, de façon à accroître

le nombre d'emplois en enrichissant le contenu de la production en emplois[1] ;

2. réorienter le partage de la valeur ajoutée au profit du travail et réduire ainsi la ponction injustifiée du capital ;

3. utiliser les gains de productivité soutenable qui subsisteront pour réduire le temps de travail et augmenter le temps libre plutôt que pour développer indéfiniment la production et la consommation marchandes.

Le rôle que joue la variation du temps de travail se vérifie *a contrario* en tant que variable d'ajustement adoptée par les entreprises en période de crise : c'est ainsi que l'Allemagne, dont le PIB a chuté de 6 % en 2009, a vu le niveau de l'emploi rester à peu près stable. Un quart de l'impact de la crise sur l'emploi a été absorbé par le dispositif de chômage partiel indemnisé (1,5 million de travailleurs ont été touchés par ce dispositif) ; 35 % de l'impact ont été absorbés par une baisse de la productivité horaire du travail ; le reste est dû aux accords d'entreprise sur les salaires et le temps partiel[2].

Le discours néolibéral a tellement martelé que la RTT était préjudiciable à l'emploi qu'il faut

1. En elle-même, la croissance économique ne crée pas d'emplois et la RTT non plus. Ce qui crée de l'emploi, c'est l'écart entre l'évolution de la production et celle de la productivité par tête. Et cet écart est d'autant plus grand que la production croît plus vite que la productivité par tête, ou bien que la RTT est importante.

2. Chiffres cités par Gilbert Cette lors du colloque « L'emploi par-delà la crise », Conseil d'orientation pour l'emploi, 22 juin 2010 : http :// www.coe.gouv.fr/spip.php?page=press_detail&id_article=711. En France, le nombre de personnes touchées par les dispositifs de mise à temps partiel n'est que de 300 000.

aujourd'hui défendre pied à pied la RTT uniforme, bénéficiant à tous les salariés. La raison en est que les gains de productivité les plus importants sont enregistrés dans l'industrie, capable de mettre en œuvre des processus productifs très automatisés et faisant appel à une main-d'œuvre qualifiée – bien que ce soit souvent au détriment de la qualité des conditions de travail. Cependant, les gains *enregistrés* ici sont dus à l'ensemble de la société, grâce à la transmission des connaissances et des savoir-faire par le système éducatif, ou encore grâce à la qualité du système de santé, secteurs dans lesquels on n'*enregistre* pas – ou très peu – de gains de productivité. La RTT uniforme est donc une manière d'effectuer une sorte de péréquation dans la répartition des gains de productivité, en en faisant bénéficier tous les travailleurs qui, collectivement, les engendrent.

Les formes de cette répartition peuvent toutefois varier selon les secteurs : ici cela pourra se traduire par une durée de travail hebdomadaire de 30 heures ou de 4 jours, là par des congés supplémentaires, ailleurs par une période de congé sabbatique. Dans tous les cas, l'idée est d'accompagner en permanence les gains de productivité soutenable d'un débat démocratique sur leur affectation entre revenus, investissements d'avenir, services publics non marchands, protection sociale et RTT.

Enfin, la refondation du droit du travail par la réparation de toutes les dégradations que le néolibéralisme lui a fait subir est indispensable. Lui-même prendra tout son sens si les pouvoirs des salariés sont affirmés et garantis dans les entreprises.

Dans quels secteurs peut-on espérer que la transition socio-écologique sera créatrice d'emplois ? Il y a tout d'abord ceux des transports en commun et des services non marchands relégitimés démocratiquement, ainsi que nous l'avons dit plus haut. Les services aux personnes demanderont une main-d'œuvre de plus en plus nombreuse et qualifiée, notamment pour accompagner les personnes âgées. Une agriculture non productiviste, dans laquelle la production selon des normes biologiques et écologiques se développera, cessera de supprimer des emplois et générera au contraire de nouvelles activités. Dans l'industrie, le bâtiment aura besoin de travailleurs pour réhabiliter les logements et les mettre aux normes d'isolation. Dans le secteur des nouvelles énergies, tout reste à faire, ou presque, et les créations d'emplois pourront donc être très nombreuses. L'exemple de l'Allemagne, où 367 400 emplois directs ont été créés dans les énergies renouvelables en 2010, dont environ 270 000 dans celles qui produisent de l'électricité, est convaincant[1]. En comparaison, seuls 125 000 emplois directs ont été créés en France dans le nucléaire, selon l'étude récente de PwC pour Areva.

Lors du Grenelle de l'environnement, 600 000 emplois « verts » ont été promis à l'horizon 2020. Cependant, c'est sans compter les disparitions d'emplois dans certaines filières industrielles à reconvertir, comme l'automobile. Le solde net semble donc bien plus modeste. Toutefois, une tendance se dessine déjà d'une croissance de l'emploi dans les activités

1. Jürgen Blazejczak, Frauke G. Braun, Dietmar Edler et Wolf-Peter Schill, « Economic Opportunities and Structural Effects of Sustainable Energy Supply », DIW Economic Bulletin 1.2011 : http://www.diw.de/documents/publikationen/73/diw_01.c.375860.de/diw_econ_bull_2011-01-3.pdf.

liées à l'environnement plus rapide que l'emploi global (voir graphique ci-dessous[1]).

Une forte dynamique de croissance de l'emploi
Augmentation de l'emploi environnemental de 1997 à 2007

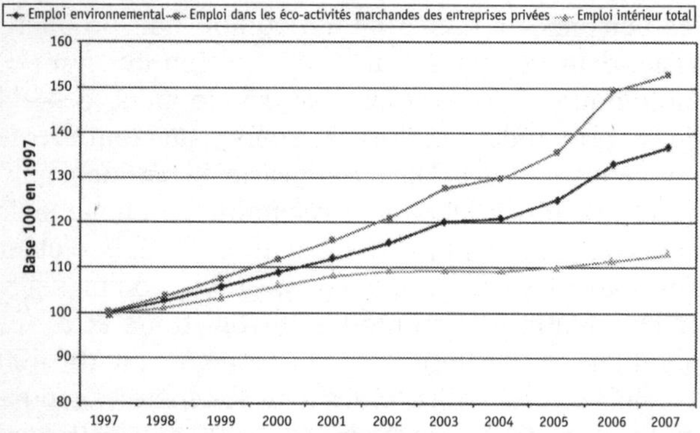

Source : Source : SCes, Compte des éco-activités, juin 2009

Sur la base du scénario énergétique élaboré par négaWatt en 2006, une stratégie visant à atteindre une baisse de 30 % des émissions de CO_2 en 2020 permettrait de créer en France 684 000 emplois nets. « D'une part, les emplois créés par les énergies renouvelables (316 000) et surtout l'efficacité énergétique (564 000) sont beaucoup plus nombreux que ceux détruits dans les filières énergétiques (138 000) et automobiles (107 000). D'autre part, avec un baril à 80 euros en 2020, le scénario négaWatt entraîne une économie nette pour les ménages, d'où une hausse de leur consommation et un gain supplémentaire de 48 000 emplois.

1. Conseil d'orientation pour l'emploi, présentation de Bernard Poupat, 2009 : http://www.coe.gouv.fr/spip.php?page=simple_content&id_article=594.

Notons que, avec un baril à 120 euros, l'effet induit positif aurait été beaucoup plus fort (467 000 emplois), soit la création nette de 1,1 million d'emplois[1]. »

Au total, la question de l'emploi dans la période de transition écologique et sociale doit être abordée comme la résultante de l'accroissement des activités soutenables (tendanciellement, de l'accroissement de ces seules activités) et de la réduction de la durée du travail, au terme d'un arbitrage démocratique entre les diverses affectations possibles de la productivité du travail – autrement dit, d'un arbitrage sur la répartition de la richesse produite.

L'outil de la fiscalité écologique

L'opinion publique semble majoritairement hostile à une forte fiscalité environnementale, et ce même à pression fiscale constante. La raison en est qu'une taxe est souvent perçue uniquement sur son versant négatif, comme une ponction sur les revenus des assujettis, et rarement sur son versant positif, celui des recettes qu'elle fournit et qui, bien utilisées, peuvent faciliter les transitions. Ainsi, nous nous trouvons aujourd'hui dans une situation paradoxale : au moment où la protection de l'environnement est reconnue par tous comme un enjeu de société, cette même société se refuse à utiliser un des outils les mieux adaptés pour atteindre cet objectif à moindre coût.

Une taxe écologique a pour objectif de modifier le comportement des acteurs économiques *via* un signal

1. WWF, « –30 % de CO_2 = +684 000 emplois. L'équation gagnante pour la France », http://www.centre-cired.fr/perso/quirion/quirion_emploi_wwf.pdf.

prix. Actuellement, quand on achète un tee-shirt, son prix est loin d'intégrer les dommages environnementaux causés par les milliers de kilomètres qu'il a parcourus avant d'arriver sur nos rayons. C'est le cas pour de très nombreux autres biens et services, et c'est ce qui explique qu'ils soient produits et consommés en trop grande quantité, aboutissant à reporter les dommages environnementaux sur l'ensemble de la société, et non pas seulement sur ceux qui profitent de ces biens et services. Le principe d'une taxe écologique est de « redresser » le prix en y intégrant le coût des impacts environnementaux que son usage entraîne, diminuant ainsi sa demande et donc les dommages qui y sont associés.

On entend souvent que cette diminution de la demande se ferait au détriment des plus pauvres, les plus aisés n'étant que peu touchés. La taxe écologique créerait donc une injustice sociale de plus dans une société qui n'en manque pas.

Bien entendu, cet argument est recevable. On n'est peut-être pas riche à 4 000 euros mensuels, mais plus de la moitié des Français gagnent moins de 1 350 euros par mois. Et l'on peut comprendre qu'ils ne voient pas d'un bon œil l'arrivée de nouvelles taxes sans qu'ils aient de garantie claire qu'elles ne pèseront pas sur leur niveau de vie.

Cet argument prend encore plus d'importance dans le cas de la fiscalité environnementale. Si la fiscalité « traditionnelle », bien que souvent critiquée pour son poids jugé trop lourd, permet de produire des biens publics (éducation, santé, sécurité...) considérés aujourd'hui comme essentiels aux États modernes (même si le périmètre optimal de l'État fait toujours l'objet de débats acharnés), la montée de la prise de conscience environnementale n'est pas encore suffisante pour percevoir que la fiscalité environnementale a une contrepartie de même nature que la fiscalité générale, qui est de permettre la « production » de *nouveaux biens publics* : les biens environnementaux.

Il faut bien comprendre la nouveauté de ce bouleversement : il y a seulement cinquante ans, il aurait été inconcevable de penser que le climat (entre autres) peut échapper à son statut d'environnement naturel et devenir un bien (partiellement) produit par l'homme.

Cette nouveauté est aussi quantitative en cela qu'elle allonge la liste des biens publics nécessaires à une qualité de vie minimale dans le contexte actuel. Ainsi, la question de l'arbitrage entre biens privés et biens publics se pose à nouveaux frais. Les biens privés sont ceux qui viennent immédiatement à l'esprit quand on évoque une baisse de pouvoir d'achat due à la création d'une nouvelle taxe. Moins de pouvoir d'achat s'entend comme moins d'achats de biens *privés*. On comprend que, si la liste des biens publics aujourd'hui socialement nécessaires s'allonge, l'arbitrage entre biens publics et biens privés se durcit, toutes choses égales par ailleurs.

Mais on voit aussi qu'il n'y a pas lieu de faire une différence entre la fiscalité traditionnelle, chargée de financer les dépenses publiques, et la fiscalité environnementale, chargée d'améliorer la qualité de l'environnement. Dans les deux cas, il s'agit de financer les biens publics indispensables à la vie sociale d'aujourd'hui. Ce que doivent être ces biens et la qualité qu'on en attend est affaire de débat social et de choix politique, mais l'arbitrage entre biens publics et biens privés doit être mis sur le devant de la scène pour que ces débats et ces choix s'effectuent en connaissance de cause. Il faut repenser la fiscalité dans son ensemble, en tenant compte à la fois des biens publics qu'elle permet de fournir et des effets redistributifs qu'elle engendre. Ainsi, la fiscalité peut être un outil de protection de l'environnement.

La fiscalité écologique doit, pour atteindre ses objectifs, répondre à plusieurs conditions :

• elle ne doit pas être neutre : les besoins en matière d'environnement s'ajoutent aux autres besoins sociaux, et la fiscalité écologique ne peut être conçue en substitution aux autres recettes fiscales ou aux cotisations sociales ;

• elle doit être juste, et pour cela s'accompagner d'une politique de redistribution des revenus afin d'éviter que son coût ne pénalise les ménages les plus modestes ;

• elle doit aussi s'accompagner de politiques très volontaristes en matière de transports publics, de logement et d'accès au foncier : les taxes sur les consommations polluantes ne seront socialement acceptables que si une offre alternative existe ; la priorité est donc de créer et d'organiser cette offre par des investissements publics ;

• une fiscalité écologique nationale doit être conçue en pensant à son intégration dans les négociations internationales en vue d'une harmonisation.

Pour faciliter la prise en compte de ces conditions, il est important d'intégrer la fiscalité écologique dans une fiscalité réformée rendue plus progressive et de la concevoir avec des assiettes multiples, par exemple :

• taxe sur l'utilisation de l'énergie ;

• taxe sur le transport ;

- taxe sur le type de véhicule ;
- taxe sur l'utilisation de l'eau ;
- taxe sur l'empreinte écologique des produits ;
- taxe sur les déchets.

La fiscalité écologique ne remplace pas une action à la source des pollutions ou de l'utilisation des ressources. La priorité doit rester l'action pour prévenir les dégradations et organiser les économies de toutes sortes, notamment d'énergie. La réglementation et les normes contraignantes, assorties de contrôles et de sanctions, les politiques de reconversion en matière industrielle, agricole, de transport, etc., sont indispensables. La fiscalité doit accompagner l'ensemble de ces politiques, et non se contenter de donner un supplément de prix aux usages de la nature.

En définitive, la mise en place d'une fiscalité écologique novatrice s'inscrit dans une politique de défense et de développement des biens communs. À l'échelle mondiale, elle doit constituer une composante essentielle des indispensables taxes globales.

PROPOSITION N° 1 : Délimitation stricte de la sphère marchande, et protection et extension de la sphère non marchande pour promouvoir un développement soute nable de qualité.

PROPOSITION N° 2 : Toute politique de croissance doit être subordonnée à la qualité de la production car la croissance en soi n'est pas une finalité.

PROPOSITION N° 3 : Transition énergétique à base d'économies d'énergie et d'énergies renouvelables.

PROPOSITION N° 4 : Priorité aux transports collectifs et au fret ferroviaire.

PROPOSITION N° 5 : Relocalisation de certaines activités pour éviter les transports coûteux et redonner un équili bre aux régions.

PROPOSITION N° 6 : Réduction du temps de travail et des inégalités.

PROPOSITION N° 7 : Introduction d'une fiscalité écologi que dans le cadre d'une refonte globale de la fiscalité qui soit juste.

4

POUR UNE NOUVELLE FISCALITÉ

Philippe Légé

Pendant vingt-cinq ans a dominé un discours libéral selon lequel les impôts découragent les travailleurs de travailler, les épargnants d'épargner, les capitalistes d'investir. En France particulièrement, la pression fiscale serait excessive, mettant en danger la croissance et l'emploi.

Ce discours n'est plus hégémonique, mais il perdure. En mai 2011 encore, un quotidien économique n'hésitait pas à titrer : « Attractivité fiscale : la France à la traîne[1] ». Et au cas où le message n'aurait pas été suffisamment clair, l'article était accompagné d'une illustration : un poids sur lequel était gravé le mot « impôts ». Ce jugement, provenant d'un sondage réalisé auprès de patrons européens, est-il fondé ? Peut-on juger la fiscalité sans tenir compte des dépenses qu'elle permet de financer ? Ne peut-on augmenter les impôts sans voir les richesses s'évanouir ?

L'argument de la pression fiscale excessive s'appuie sur le taux de prélèvements obligatoires. En France, celui-ci représentait 41,6 % du PIB en 2009, un chiffre supérieur à la moyenne de l'Union européenne

1. *La Tribune*, 19 mai 2011.

(38,4 %)[1]. Plusieurs travaux ont toutefois montré les limites de comparaisons internationales fondées sur ce seul ratio[2]. En effet, les écarts entre pays reflètent essentiellement des différences dans l'organisation de la protection sociale : dans les pays où les prélèvements publics sont plus faibles, les ménages doivent s'assurer auprès d'assurances privées pour la maladie ou la retraite. Ainsi, en excluant les cotisations sociales, les ratios français et européens sont identiques (25 % du PIB).

Au-delà des comparaisons, c'est une bien étrange conception de l'économie et de la politique que de considérer l'impôt comme un handicap. La fiscalité peut remplir plusieurs fonctions, notamment le financement de l'action publique et la réduction des inégalités. Faut-il d'un côté diminuer les dépenses en faveur de l'éducation, de la santé, des retraités, des chômeurs, et, de l'autre, accepter le gonflement de revenus exorbitants ? Après avoir présenté les raisons pour lesquelles le système fiscal ne joue plus le rôle qu'il devrait jouer, nous proposerons quelques pistes pour le transformer radicalement.

1. Commission européenne, *Taxation Trends in the European Union*, 2011, annexe A, tableau 1.
2. Voir par exemple Conseil des prélèvements obligatoires, *Sens et limites de la comparaison des taux de prélèvements obligatoires entre pays développés*, mars 2008.

LA FISCALITÉ ACTUELLE, VICTIME DES RÉFORMES NÉOLIBÉRALES

Commençons par analyser le système fiscal français en distinguant les différents types de prélèvements.

Impôts et cotisations

Il existe trois types de prélèvements obligatoires : les cotisations sociales, les impôts indirects et les impôts directs. Ces derniers (15 % du PIB) sont encaissés au moyen d'un avis d'imposition individuel adressé au contribuable. Sont classés dans cette catégorie l'impôt sur le revenu et celui sur les sociétés, la taxe foncière et la taxe d'habitation, ainsi que l'impôt de solidarité sur la fortune (ISF). Ces impôts sont généralement progressifs : les contribuables percevant des revenus élevés sont imposés à un taux supérieur à celui des ménages à faibles revenus. Ils contribuent donc à réduire les inégalités.

Les impôts indirects sont payés par le contribuable lors de ses achats. Ces taxes, dont font partie la TVA et la TIPP (la taxe sur les carburants), sont donc peu visibles. Elles représentent pourtant 10,8 % du PIB. Non seulement ces impôts ne sont pas progressifs, mais ils sont même régressifs : ils pèsent proportionnellement plus lourdement dans le budget des ménages à faibles revenus[1].

Enfin, les cotisations sociales représentent environ 16 % du PIB et constituent un « salaire socialisé »

1. Les 10 % des ménages les moins aisés dépensent 11,5 % de leur revenu en TVA. Pour les 10 % les plus aisés, ce taux n'est que de 5,9 %. Source : INSEE, *Économie et statistique*, n° 413, 2008.

versé pour maladie, chômage, vieillesse, etc. Ce sont des prélèvements obligatoires, mais pas des impôts. Les prélèvements perçus par les organismes de Sécurité sociale représentent davantage (environ 22 % du PIB), car ils ne sont pas exclusivement constitués de cotisations sociales ; ils comprennent aussi des impôts directs tels que la CSG. Cette fiscalisation de la Sécurité sociale vise à réduire le coût du travail pour les entreprises[1].

Le cadre européen

L'Union européenne est caractérisée par des fiscalités nationales différentes, une monnaie unique et une totale liberté de circulation des capitaux. Les décisions relatives à la fiscalité indirecte sont prises à l'unanimité. L'UE fixe un cadre juridique : les États doivent définir un taux normal de TVA compris entre 15 % et 25 % et peuvent, pour certains produits dont la liste est définie au niveau communautaire, fixer des taux réduits ne devant pas être inférieurs à 5 %. En revanche, concernant la fiscalité directe, les États sont souverains, à condition de ne pas prendre de mesures discriminatoires ou restreignant la concurrence. La coordination fiscale consiste donc essentiellement à proscrire les distorsions de concurrence, et non pas à garantir aux États la possibilité de taxer leurs résidents et leurs entreprises[2].

1. En 2001, le vice-président du MEDEF souhaitait même que la CSG « assure le financement intégral de l'assurance maladie » : http://discours.vie-publique.fr/notices/023001984.html.
2. La récente proposition de la Commission européenne d'harmoniser la base d'imposition des entreprises sera abordée à la fin de ce chapitre.

L'absence d'harmonisation fiscale, la disparition du risque de change et la libéralisation des marchés financiers ont engendré une forte concurrence fiscale dans le cadre européen. Cette situation, avalisée par les classes dirigeantes nationales, bénéficie aux grandes entreprises et aux ménages les plus fortunés : ces « bases mobiles » peuvent exercer une véritable pression pour exiger la baisse des impôts directs qui les concernent (impôts sur les profits, le patrimoine ou les hauts revenus) en brandissant la menace de s'installer dans un pays plus libéral. Les dirigeants politiques qui ont instauré ce cadre ont alors beau jeu de justifier l'octroi de cadeaux fiscaux par les risques de délocalisation des activités ou de « fuite des talents ».

La concurrence fiscale européenne a suscité deux évolutions majeures. Tout d'abord, au cours des dernières décennies, la structure fiscale de nombreux pays a été modifiée dans le sens d'une baisse de l'imposition directe et d'une hausse de l'imposition indirecte. Ainsi, la plupart des États ont renoncé à taxer les patrimoines. Ensuite, plus récemment, la progressivité de l'impôt a nettement reculé. De 1995 à 2008, le taux marginal de l'impôt sur le revenu (payé par la tranche de revenus la plus élevée) a diminué de 9,5 points dans l'ensemble de l'Union. Certains pays d'Europe de l'Est ont même supprimé l'impôt progressif et instauré une *flat tax* (impôt proportionnel)[1] réduisant fortement la progressivité de leur système fiscal.

L'évolution du système fiscal français s'inscrit dans ce mouvement général, mais il comporte quelques

1. Cette fiscalité libérale a d'abord été instaurée dans les pays baltes au milieu des années 1990, puis dans de nombreux pays d'Europe centrale et orientale au milieu des années 2000.

particularités. Le taux de TVA, qui était déjà très élevé, n'a pas augmenté : il est actuellement au même niveau qu'en 1975, alors que celui de l'Allemagne est passé de 11 % à 19 %, et celui de l'Italie de 12 % à 20 %. En revanche, le système fiscal français est devenu de moins en moins progressif du fait de la multiplication d'exemptions permettant aux contribuables les plus riches de payer beaucoup moins d'impôts que ne le prévoit le barème général.

Les niches fiscales

Les niches fiscales permettent d'octroyer des avantages à des publics restreints sans qu'augmentent les dépenses publiques et les prélèvements obligatoires. Elles ne datent pas d'aujourd'hui, mais se sont développées rapidement ces trente dernières années. Si les gouvernements français successifs en créent beaucoup, ils en suppriment très peu. Les « dépenses fiscales » (terme technique pour désigner les niches) sont recensées depuis 1980 ; cet inventaire n'a pas empêché l'augmentation de leur nombre, passé d'environ 300 en 1981 à environ 500 en 2011. De la défiscalisation de l'épargne au début des années 1990 aux exonérations de droits de succession en 2007, chaque gouvernement allonge la liste, complexifiant encore un peu plus le système fiscal.

Le nombre de niches répertoriées est un indicateur très insuffisant. En effet, des niches fiscales peuvent être retirées de la liste sans cesser d'exister. Cela induit une sous-évaluation de leur coût total. Celui-ci est officiellement estimé à 65 milliards d'euros en 2011, mais, au cours des cinq dernières années, « ce sont au moins 80 milliards d'euros de "niches fiscales" qui ont disparu de l'inventaire, sans pour autant être supprimées du droit français[1] ». Le total est donc de 145 milliards d'euros. En outre, le déclassement contribue à masquer les principaux bénéficiaires de ces dispositifs. Si l'on s'intéresse à la liste des seize niches les plus coûteuses, « réintégrer les mesures déclassées depuis 2006 ferait figurer six mesures supplémentaires en faveur des entreprises (soit au total 9 sur 16)[2] ».

Dès les années 1990, des voix se sont élevées pour critiquer un système fiscal affichant des taux marginaux relativement hauts tout en multipliant les niches permettant d'y échapper. Mais cette heureuse dénonciation de l'hypocrisie fiscale française a bien vite été récupérée par le social-libéralisme : en 2001, le ministre de l'Économie, Laurent Fabius, amorce une diminution des taux de l'impôt sur le revenu. Les niches fiscales ne seront pas supprimées pour autant ! En revanche, le mouvement de baisse des taux va se poursuivre sous le gouvernement Villepin. Environ 40 % de cette réduction profiteront aux 10 % de contribuables les plus riches[3].

De nouvelles niches

Les gouvernements de gauche et de droite ont donc été très inventifs pour créer des niches fiscales. Nicolas Sarkozy est cependant celui qui a fait le plus fort,

1. Katia Weidenfeld, *À l'ombre des niches fiscales*, Paris, Economica, 2011, p. 32.
2. *Ibid.*, p. 44.
3. Cyrille Hagneré, Mathieu Plane et Henri Sterdyniak, « Réforme fiscale 2007 : un pas de côté », *Lettre de l'OFCE*, n° 267, octobre 2005.

avec l'adoption du « paquet fiscal » (loi TEPA). Tout d'abord, 95 % des héritages ont été exemptés de tout impôt. Ce dispositif profite aux familles les plus riches, qui peuvent désormais tous les six ans transmettre 300 000 euros à chacun de leurs enfants sans payer aucun droit. Quant au bouclier fiscal, instauré au prétexte mensonger que l'Allemagne dispose d'un dispositif similaire « depuis vingt-cinq ans[1] », il a plafonné l'impôt non pas à 50 % *du revenu*, mais à 50 % *du revenu fiscal*. Les niches sont justement là pour minorer ce dernier. La conséquence était parfaitement prévisible : le dispositif a bénéficié à une poignée de contribuables (entre 14 000 et 19 000 selon les années). En 2010, il a coûté 600 millions d'euros, mais environ un millier de foyers ont perçu 60 % des sommes versées, soit 381 000 euros en moyenne. Sa suppression était nécessaire ; elle s'est malheureusement accompagnée d'une réduction de l'ISF amputant les recettes fiscales de 1,86 milliard d'euros par an. Désormais, jusqu'à 1,3 million d'euros de patrimoine on ne paie pas l'ISF, puis on doit s'acquitter de 0,25 % (0,5 % au-delà de 3 millions d'euros)[2]. Seul vestige du paquet fiscal, la défiscalisation des heures supplémentaires a sur l'emploi des effets calamiteux que nous détaillerons plus loin. Enfin, deux ans après

1. En réalité, Nicolas Sarkozy faisait allusion à une décision de la Cour constitutionnelle allemande… qui ne fait plus jurisprudence depuis 2006.

2. Rappelons toutefois qu'un contribuable ayant pour seul patrimoine un logement estimé à 1,3 million d'euros ne serait soumis à l'ISF qu'à condition d'avoir totalement remboursé son prêt immobilier, ou de l'avoir acquis sans recourir à l'emprunt. Avant la réforme, le seuil de déclenchement était fixé à 800 000 euros de patrimoine.

la loi TEPA, la TVA sur la restauration a été abaissée à 5,5 %, sans autre justification que le poids du lobby de ce secteur. L'ensemble des mesures dérogatoires en matière de TVA représentait, en 2010, 23 % du coût des niches fiscales recensées[1].

Deux vestiges : le sabotage de l'impôt sur le revenu et de l'impôt sur les sociétés

Instaurée juste après la Première Guerre mondiale, la progressivité de l'impôt sur le revenu visait à résorber les inégalités : les contribuables percevant des revenus annuels élevés payaient un taux très supérieur à celui dont s'acquittaient les revenus modestes, et ce grâce à un système de « tranches ». En apparence, le barème 2011 relève toujours du même principe : on ne paie rien jusqu'à 5 963 euros, on paie 5,5 % sur la tranche suivante (jusqu'à 11 896 euros), puis le taux augmente.

En fait, plusieurs évolutions ont considérablement amoindri la progressivité de cet impôt. Le nombre de tranches a été réduit, passant de treize en 1986 à cinq aujourd'hui. Quant au taux marginal d'imposition – celui payé sur la tranche des revenus les plus élevés –, alors qu'il était monté de 60 % en 1945 à 65 % en 1982, il est aujourd'hui de 41 %. Ce n'est pas tout : si ce taux historiquement faible s'applique théoriquement aux sommes au-delà de 70 830 euros, celles-ci sont bien souvent exemptées d'impôt. En effet, les niches fiscales de l'impôt sur le revenu représentent

1. Sébastien Jeannard, *Les Dépenses fiscales applicables en matière de taxe sur la valeur ajoutée, de fiscalité locale et de taxe intérieure sur les produits pétroliers*, rapport particulier, Conseil des prélèvements obligatoires, 2010, p. 11.

plus de 40 milliards d'euros et profitent très majoritairement aux contribuables les plus aisés. « Le taux effectif d'impôt sur le revenu payé par les 1 % des contribuables les plus riches est inférieur à 20 % et décroît avec le revenu – il tend vers 15 % pour les revenus les plus élevés[1]. » Au final, l'impôt sur le revenu est devenu peu progressif. Il ne représente plus que 6 % des prélèvements obligatoires. Il a dû être complété par la CSG, qui est, elle, une taxe proportionnelle, dont l'effet redistributif est donc plus faible.

Sommes-nous condamnés à voir baisser le taux marginal de l'impôt sur le revenu ? Aux États-Unis, entre 1932 et 1980, ce taux était en moyenne de 82 %. Il a parfois dépassé 90 %. Pratiquer des taux confiscatoires pour les très hauts revenus ne provoque pas l'effondrement de l'économie. En Grande-Bretagne, jusqu'en 1973, les hauts revenus payaient, en plus de l'impôt sur le revenu, une surtaxe dont le taux maximal atteignait 50 %. Elle a été supprimée en 1974, mais l'impôt sur le revenu fut alors rendu plus progressif, son taux marginal étant même porté à 83 %. Ce taux s'appliquait aux revenus annuels dépassant 20 000 livres. En 1979, le seuil fut relevé à 24 000 livres. Compte tenu de l'inflation, cela représenterait aujourd'hui un revenu annuel d'environ 100 000 euros. Rappelons que le taux marginal en France est aujourd'hui de 41 % et que la « contribution exceptionnelle sur les hauts revenus » qui sera appliquée en 2012 ne sera que de 3 % pour les revenus situés entre 250 000 et 500 000 euros et de 4 %

1. Camille Landais, Thomas Piketty et Emmanuel Saez, *Pour une révolution fiscale. Un impôt sur le revenu pour le* XXI*e siècle*, Paris, Seuil, 2011, p. 69.

à partir de 500 000 euros (soit 39 fois le Smic). Avec environ 300 millions d'euros de recettes annuelles prévues, une telle mesure est « symbolique et dérisoire[1] ».

L'impôt sur les sociétés (IS) taxe les profits. Il a collecté seulement 32,9 milliards d'euros en 2010. D'une part, son taux a baissé de 45 % en 1986 à 33,3 % aujourd'hui. D'autre part, il existe là encore de nombreuses niches fiscales. Elles bénéficient essentiellement aux grandes entreprises. Deux dispositifs sont particulièrement coûteux : la « niche Copé », qui exonère les plus-values sur titres de participation si la revente intervient après trois ans de détention ; le crédit impôt recherche (CIR), qui bénéficie à 12 000 entreprises pour un montant moyen de 330 000 euros. Le CIR représente un total de 4 milliards d'euros.

Au final, en divisant l'impôt effectivement payé par un indicateur de profit, le taux de l'impôt sur les sociétés est de 18,6 % pour les grandes entreprises et de 39,5 % pour les PME[2]. Quant aux entreprises du CAC 40, leur impôt entre 2007 et 2009 peut être estimé à 8,8 milliards d'euros… sur trois ans[3] ! Elles ont donc un taux d'imposition réel de 3,8 %. Même en tenant compte du fait que les deux tiers de l'activité de ces entreprises sont réalisés à l'étranger, on est très

1. Le sénateur centriste et président de la commission des finances du Sénat Jean Arthuis avait d'abord jugé qu'un prélèvement sur les hauts revenus serait « juste et équitable ». Il a qualifié celui-ci de « symbolique et dérisoire » lorsque les détails en ont été révélés en août 2011. La hausse du taux annoncée en octobre (4 % au lieu de 3 %) demeure cosmétique.
2. Direction générale du Trésor, *Lettre Trésor-Eco*, n° 88, juin 2011.
3. Calcul réalisé à partir de Gilles Carrez, *Rapport d'information sur l'application des mesures fiscales*, Assemblée nationale, 6 juillet 2011, p. 56-57.

loin de la fiscalité confiscatoire régulièrement dénoncée par le patronat.

Les niches sociales

Dernier type de niche : l'État exonère chaque année les employeurs d'une partie des cotisations sociales qu'ils doivent à la Sécurité sociale. Comme il les paie à leur place, cela creuse son déficit et non celui de la Sécurité sociale. Ainsi, l'État utilise l'argent du contribuable pour payer une partie du salaire socialisé. Le coût de ces exonérations s'est rapidement envolé. Il était de 3,2 milliards d'euros en 1993 et de plus de 7 milliards en 1997. Les exonérations se sont multipliées pour les bas salaires et ont connu une forte accélération lors du passage aux 35 heures ainsi qu'avec la loi Fillon du 17 janvier 2003. En 2007, Nicolas Sarkozy a instauré des exonérations sur les heures supplémentaires. Enfin, certains éléments de rémunération (participation, intéressement…) ne donnent pas lieu à cotisations ; ils se développent donc au détriment du salaire (et de la Sécurité sociale). Au total, les niches sociales coûtent cher : selon la Cour des comptes, 67 milliards d'euros en 2009, qui viennent s'ajouter au coût des niches fiscales.

La fraude fiscale

En 2007, le montant de la fraude fiscale était estimé entre 29 et 40 milliards d'euros par le Conseil des prélèvements obligatoires. Les réductions d'effectifs dans l'administration publique empêchent d'effectuer les contrôles nécessaires. Entre 2001 et 2007, le nombre d'entreprises par agent de contrôle a augmenté de

13,4 %[1]. Voudrait-on laisser toute latitude aux fraudeurs que l'on ne s'y prendrait pas autrement.

En 2008, un scandale de fraude internationale impliquant le Liechtenstein rappelait le problème posé par les paradis fiscaux, territoires dont les banques accueillent l'argent de l'évasion fiscale, de la corruption et de divers trafics. Selon une récente étude, ces territoires abritent 8 % de la richesse financière mondiale[2]. Certes, en avril 2009, le G20 a lancé une chasse aux paradis fiscaux. Aujourd'hui, ils sont pourtant en pleine forme et ne sont même plus montrés du doigt. Depuis novembre 2010, la « liste noire » des paradis fiscaux établie par l'OCDE est vide. Quant à la « liste grise », qui comprenait 42 territoires, elle n'en comporte plus que 9. Il suffit aux États de signer des accords bilatéraux factices pour être blanchis. Beau résumé du « capitalisme moral » !

La Suisse vient même d'obtenir un meilleur accès aux marchés financiers allemands et britanniques, ainsi que le maintien absolu de son secret bancaire, à la seule condition de prélever un impôt sur les fortunes dissimulées dans ses banques. Les fraudeurs resteront anonymes et les banquiers suisses bénéficieront d'une immunité. Les gouvernements britannique et allemand promettent ainsi de fermer les yeux, à condition de percevoir une partie du recel. Pour l'instant, la France refuse ce système. Jusqu'à quand ? Par le passé, plusieurs États, dont l'Italie, ont même instauré une amnistie fiscale. Sur un plan purement

1. Calcul réalisé à partir du *Rapport du Syndicat national unifié des impôts sur le contrôle fiscal*, avril 2008, p. 21-22.
2. Gabriel Zucman, « The Missing Wealth of Nations », École d'économie de Paris, 27 juillet 2011.

comptable, les rentrées fiscales se sont révélées bien plus faibles que ce qui était escompté. Mais c'est surtout un scandale politique que de tolérer ainsi la délinquance en col blanc.

En présentant le paquet fiscal à l'Assemblée nationale le 10 juillet 2007, Christine Lagarde, alors ministre de l'Économie, déclarait : « [Aux exilés fiscaux], ainsi qu'à tous nos compatriotes qui cherchent les clés des paradis fiscaux, nous ouvrons nos portes. Nous leur disons : "Revenez, ce n'est pas le purgatoire ici." » Il est d'ailleurs ahurissant de constater que la plupart des dirigeants politiques rendent la fiscalité responsable de la fraude. Sans impôts, pas de fraude fiscale. François Hollande a récemment expliqué qu'un taux de 60 % pour les revenus mensuels de 100 000 euros serait « confiscatoire », en avançant ces deux arguments qui laissent pantois : « On est sûr des effets de délocalisation » et : « Je préfère un impôt payé à un impôt fraudé[1]. » Charles de Courson, député Nouveau Centre et vice-président de la commission des finances de l'Assemblée nationale, justifie l'existence de la niche Copé, qui « a mis fin à un mécanisme de fraude fiscale française [...]. Si l'on réinstaure la taxation de ces plus-values, les mêmes causes auront les mêmes effets. Ces entreprises retourneront en Belgique ou aux Pays-Bas[2] ». La niche est ici légitimée par la fraude. Suivant un tel raisonnement, il faudrait supprimer toute propriété privée afin de mettre fin aux vols.

1. http://www.mediapart.fr/journal/france/270111/hollande-piketty-confrontation-sur-la-revolution-fiscale.
2. http://www.lemonde.fr/politique/article/2011/08/25/sans-rigueur-budgetaire-notre-systeme-politique-sautera_1563687_823448.html.

LES CONSÉQUENCES

Les niches fiscales et sociales sapent les ressources de l'État, créent très peu d'emplois, nuisent à la justice sociale et à la démocratie.

Si l'on entend beaucoup parler de la dette publique, le rôle majeur des baisses d'impôts dans la dynamique de l'endettement public est généralement occulté[1]. En 1978, la dette publique représentait 21 % du PIB. Lorsque la crise s'est déclenchée en 2008, ce ratio était de 68 %. Pourquoi ? D'un côté, les dépenses ont augmenté pour des raisons légitimes : apparition de nouveaux besoins sociaux, vieillissement de la population, etc. Cette hausse n'a pas été plus rapide que celle des richesses : le ratio entre dépenses publiques et PIB demeure relativement stable depuis le milieu des années 1980. De l'autre côté, les recettes n'ont pas augmenté au même rythme. Il est devenu de plus en plus difficile de faire payer des impôts à ceux qui le peuvent. Nous avons vu que le coût des niches fiscales et sociales s'élève à un peu plus de 200 milliards d'euros par an. Les gouvernements successifs amputent volontairement les recettes. Et ce mouvement s'est accéléré. S'il pouvait en décider, quel ménage choisirait de se priver d'une partie de ses revenus ? C'est pourtant ce que fait l'État en France.

Les libéraux recourent fréquemment à une comparaison absurde : l'État devrait gérer son budget « en bon père de famille », une façon misogyne de dire que les finances publiques sont semblables à celles

1. Muriel Pucci et Bruno Tinel, « Réductions d'impôts et dette publique : un lien à ne pas occulter », *Revue de l'OFCE*, n° 116, 2011.

d'un ménage. Mais, tandis que ce dernier utilise des recettes dont il ne détermine pas lui-même le montant (salaires, intérêts d'un livret d'épargne, etc.), l'État, lui, fixe les taux et les assiettes qui serviront à déterminer ses recettes. Or, « en l'absence de baisse de prélèvements, la dette publique serait environ 20 points de PIB plus faible aujourd'hui qu'elle ne l'est en réalité, générant ainsi une économie annuelle de charges d'intérêt de 0,5 point de PIB[1] ».

En outre, la baisse des prélèvements obligatoires n'a pas produit de gain de croissance. Les réductions fiscales ciblées sont censées encourager certains comportements. Mais elles se soldent bien souvent par un effet d'aubaine : le bénéficiaire ne modifie pas son comportement et empoche une réduction d'impôts. Par exemple, la baisse de la TVA dans la restauration devait susciter de nombreuses créations d'emplois : la baisse des prix allait engendrer un surcroît d'activité et les patrons allaient donc devoir embaucher massivement pour y faire face, d'autant que, dans ce secteur, les risques de substitution de capital au travail ou de fuite de la demande vers les importations sont nuls. Cela n'a pas fonctionné, car la baisse de la TVA n'a été que très partiellement répercutée sur les prix, les restaurateurs ayant profité de l'occasion pour accroître leur taux de marge ou réaliser de petits « investissements » qu'ils pourraient valoriser lors de la revente du fonds de commerce. Affirmer, comme l'a fait Nicolas Sarkozy fin juillet 2011, que ces entreprises ont « tenu leurs engagements » est donc une mascarade. Les baisses de prix et les créations d'emplois

1. Paul Champsaur et Jean-Philippe Cotis, *Rapport sur la situation des finances publiques*, avril 2010.

imputables à cette mesure ont été minimes : environ 12 500 postes pour un coût annuel de 2,4 à 3 milliards d'euros[1]. La baisse du taux de TVA dans la restauration a donc « des effets excessivement restreints pour un coût budgétaire élevé dans un contexte de crise financière[2] ». Les restaurateurs prennent pour prétexte le relèvement du taux à 7 % en janvier 2012 pour justifier le non-respect des engagements pris… en 2009.

Le crédit impôt recherche, dont nous avons vu le coût élevé, n'a pas non plus produit le résultat escompté, mais un simple effet d'aubaine. La recherche privée française demeure extrêmement faible (1,1 % du PIB). D'une part, le CIR, qui attribuait initialement un crédit d'impôt en proportion de l'accroissement des dépenses en « recherche », porte depuis 2008 sur le stock de dépenses. D'autre part, il est accordé sur simple déclaration, et la définition des recherches subventionnées est tellement vague que « c'est le secteur des services qui […] représente près des deux tiers des créances, en particulier les entreprises de services bancaires et d'assurances […]. Viennent ensuite les entreprises de conseil et d'assistance aux entreprises[3] ». L'ingénierie financière ou le marketing sont ainsi soutenus au nom… de la recherche scientifique.

1. 29 500 emplois ont été créés dans le secteur de juillet 2009 à juin 2010. En dehors des récessions, le rythme de création annuelle d'emplois était de l'ordre de 17 000 postes.
2. Sébastien Jeannard, *Les Dépenses fiscales applicables en matière de taxe sur la valeur ajoutée, de fiscalité locale et de taxe intérieure sur les produits pétroliers*, *op. cit.*, p. 48.
3. Gilles Carrez, *Rapport d'information n° 1794*, Assemblée nationale, 2 juillet 2009, p. 27.

Mais il y a pire que les effets d'aubaine : certaines mesures fiscales encouragent des comportements néfastes ! L'exonération de cotisations sociales des heures supplémentaires est une véritable aberration qui consiste à détruire des emplois aux frais du contribuable. Le constat est cruel : tandis que l'activité ralentissait du fait de la crise, le recours aux heures supplémentaires augmentait[1]. Une partie du travail des salariés licenciés, ou des précaires non renouvelés, a été affectée aux travailleurs restants. Cela coûtait moins cher à l'employeur. Pour donner l'illusion du « travailler plus pour gagner plus », le gouvernement a donc choisi de transformer des postes de travail en heures supplémentaires, aggravant ainsi le chômage en pleine période de crise.

La fiscalité est un outil important de lutte contre les inégalités. Mais est-elle utilisée à cette fin ? Les très riches le sont de plus en plus, tandis que le revenu de la grande majorité de la population est presque stagnant. Entre 1998 et 2006, les 0,01 % des foyers les plus riches (environ 3 500 foyers fiscaux) ont vu leur revenu réel croître de 42,6 %, tandis que, pour les 90 % des foyers les moins riches, cette hausse fut limitée à 4,6 %[2]. Les inégalités sont encore plus importantes lorsqu'on prend en compte le patrimoine. Les 1 % de

1. Du troisième trimestre 2007 au troisième trimestre 2008, le nombre moyen d'heures supplémentaires par salarié à temps complet s'est accru de 35,8 % (source : DARES, *Premières Informations*, janvier 2009). Une partie de cette hausse est fictive : les entreprises ont maintenant intérêt à remplacer des primes par des heures supplémentaires, effectuées ou non.
2. Camille Landais, « Les hauts revenus en France (1998-2006) : une explosion des inégalités ? », École d'économie de Paris, juin 2007.

Français les plus riches possèdent 24 % du patrimoine total[1]. Le système fiscal actuel n'est plus à même de réduire ces inégalités. Il existe tellement de possibilités légales pour mettre sa fortune à l'abri que des cabinets d'avocats se sont spécialisés dans l'« optimisation fiscale » ou la « défiscalisation ». En 2009, 14 foyers déclaraient ainsi un revenu annuel inférieur à 3 428 euros mais avaient un patrimoine supérieur à 16 millions d'euros[2].

Dans leur essai *Pour une révolution fiscale*, Camille Landais, Thomas Piketty et Emmanuel Saez estiment que « la régressivité concerne les 5 % des Français les plus riches (soit 2,5 millions de personnes) et surtout les 1 % plus riches, soit 500 000 personnes ». On peut toutefois s'interroger sur certaines de leurs conclusions. Affirmer que les cotisations sociales « prélèvent 25 % des revenus les plus bas » est contestable. En effet, ces cotisations ajoutent au salaire net un salaire socialisé. Elles ne sont pas un prélèvement sur le salaire, mais un prélèvement sur la valeur ajoutée des entreprises (au même titre que le salaire net). Oublier que ce sont les patrons qui paient toutes les cotisations sociales les conduit à dénoncer « le poids excessif des cotisations sociales pesant sur le travail » (p. 53). En réalité, si le système fiscal français reconduit les inégalités, c'est en raison du poids important de la TVA et du véritable sabotage de l'impôt sur le revenu, de l'ISF et de l'impôt sur les sociétés auquel se sont livrés les gouvernements successifs. Une

1. Camille Landais, Thomas Piketty, Emmanuel Saez, *Pour une révolution fiscale*, *op. cit.*, p. 25.
2. http://www.marianne2.fr/Exclusif-le-bouclier-fiscal-a-sauve-14-pauvres-riches_a190116.html.

« révolution fiscale » est donc effectivement nécessaire. Mais laquelle ?

Les partisans de la fusion de l'impôt sur le revenu et de la CSG font valoir à juste titre l'avantage d'appliquer ainsi un barème progressif à une assiette fiscale très étendue. Pour notre part, toutefois, nous y sommes opposés, car ce serait aggraver la confusion entre le financement de la Sécurité sociale et le budget de l'État.

NOS PROPOSITIONS[1]

Il convient tout d'abord d'affirmer trois principes.

Le premier est que tous les revenus des ménages doivent être soumis à l'impôt progressif sur le revenu. Toutes les niches fiscales doivent être supprimées, sauf celles qui tiennent compte de la situation particulière du contribuable (invalidité) ou de charges effectivement supportées (pensions alimentaires, dons aux œuvres, cotisations syndicales). Certains dispositifs fiscaux pourront alors être remplacés par des subventions. Par exemple, un service public de la première enfance devrait assurer la garde des très jeunes enfants sans charge financière pour leurs parents. Les aides à l'investissement locatif pourront être remplacées par des subventions aux logements sociaux. Etc.

L'impôt doit devenir plus lourd sur les très riches, avec une tranche à 50 % au-delà de dix fois le Smic et un taux confiscatoire sur les revenus exorbitants – au-delà de vingt fois le Smic.

1. Nous ne discutons pas ici de la fiscalité écologique (voir le chapitre 3).

Le deuxième principe est que tous les revenus du capital doivent être taxés à des taux égaux ou supérieurs à ceux qui s'appliquent aux revenus du travail. Les dispositifs dérogatoires doivent être supprimés : PEA, assurance-vie, ainsi que tous les dispositifs permettant aux plus riches de ne pas payer d'impôts sur leurs plus-values.

Les niches réduisant l'impôt sur les sociétés doivent être supprimées, à commencer par la niche Copé. De nombreuses sociétés réduisent leur impôt en gonflant fictivement leurs frais financiers. Il faudrait établir un plafond pour le montant des intérêts pris en compte. D'autres utilisent des rémunérations imaginaires de brevets ou de redevances, ou manipulent les prix de transfert pour localiser leurs profits à l'étranger (en Suisse, en Irlande, aux Pays-Bas) ; là aussi, il faut instaurer un plafond limitant les manœuvres de contournement. Le crédit impôt recherche pourrait être remplacé par des subventions bien moins onéreuses et beaucoup mieux contrôlées. Le taux de l'impôt sur les sociétés devrait être porté à 40 % en ce qui concerne les dividendes distribués, ce qui permettrait de taxer les actionnaires qui réussissent à échapper à l'impôt sur le revenu.

Le troisième principe est que toutes les rémunérations du travail doivent inclure le versement de cotisations sociales. Cela s'applique à la participation, à l'intéressement, aux stock-options et, bien sûr, aux heures supplémentaires.

En outre, plusieurs réformes récentes devront être remises en cause. La fiscalité sur les successions et donations doit être immédiatement augmentée, ce qui permettrait notamment d'aider les jeunes des classes populaires à faire des études dans de bonnes conditions. Il faudra aussi revenir sur l'allégement de l'ISF mis en œuvre en 2011. Les taux réduits de TVA résultant de l'action des lobbies professionnels devraient être abolis, en particulier le taux réduit sur les hôtels et cafés-restaurants.

La justice fiscale nécessite une transformation radicale de l'Union européenne. En l'absence d'harmonisation, la concurrence fiscale ronge les ressources publiques. Sans prétendre uniformiser les fiscalités d'économies hétérogènes, il est urgent d'instaurer un « serpent fiscal européen » consistant à établir des principes fiscaux communs pour la taxation des revenus, des patrimoines et des profits : définition d'un taux effectif minimal et d'assiettes larges, limitation des dispositions dérogatoires (niches), fixation d'un nombre minimal de tranches afin de favoriser la progressivité, etc.[1]. Les pays doivent retrouver le droit d'instaurer un « exit fiscal », c'est-à-dire de taxer les plus-values latentes des personnes qui désirent quitter fiscalement leur pays[2]. Ces propositions forment un tout cohérent, et certaines d'entre elles seraient contre-productives si elles étaient adoptées isolément. Ainsi, la proposition de la Commission européenne en faveur d'une harmonisation de l'assiette d'imposition des sociétés (ACCIS) est moins progressiste qu'il n'y paraît. En l'absence de taux plancher d'imposition, une telle mesure engendrerait davantage de concurrence sur les taux d'imposition. Faciliter la

1. Pour plus de détails, voir Syndicat national unifié des impôts, *Quelle Europe fiscale ?*, Paris, Syllepse, 2008, p. 73-144.
2. Sur les modalités très laxistes de l'exit fiscal que vient d'instaurer le gouvernement Fillon, lire « Exit tax : comment la contourner », *Les Échos Patrimoine*, 30 septembre 2011, p. 7.

comparaison des fiscalités sans imposer de normes reviendrait à accélérer la baisse des taux d'imposition.

Barèmes et principes resteront sans effet s'ils ne sont pas appliqués. La lutte contre la fraude et l'évasion fiscales nécessite à la fois d'instaurer la responsabilité financière des donneurs d'ordres, d'accroître les moyens humains de contrôle et d'imposer l'échange automatique d'informations. On peut sur ce dernier point s'inspirer du *Foreign Account Tax Compliance Act* voté par le Congrès américain en 2010. Tout organisme financier intervenant en Europe aurait ainsi l'obligation de révéler aux autorités publiques compétentes l'identité de ses clients européens et le montant des fonds reçus.

Toute entreprise ou institution financière française devrait se voir interdire d'installer des filiales dans les paradis fiscaux et d'y déclarer des revenus. Les accords bilatéraux d'imposition avec des pays à faible taux d'imposition devraient être revus. Les Français résidant à l'étranger et désirant continuer à voter aux élections françaises devraient être contraints de faire une déclaration de revenus et de patrimoine au fisc français ; ils devraient payer la différence entre les impôts dus selon la réglementation française et les impôts effectivement payés.

Cette nouvelle fiscalité, plus juste et plus simple, supprimera les activités parasitaires de défiscalisation. Elle réduira les inégalités tout en résorbant une partie du déficit public, en ponctionnant des revenus généralement épargnés. Elle permettra en outre de délibérer démocratiquement des choix politiques, plutôt que de laisser une poignée de ménages très aisés décider des priorités d'investissement en fonction de leurs choix personnels dans le grand menu des niches fiscales.

Cela serait même plus efficace. L'État se prive actuellement de ressources pour inciter à la construction de logements inadaptés. Il serait plus utile de récupérer ces recettes pour construire des logements sociaux correspondant aux besoins. Enfin, avec la suppression des niches et la restauration de la progressivité de l'impôt, les entreprises cesseraient de distribuer de coûteux dividendes ou des « salaires » excessifs à une petite fraction de dirigeants. De telles dépenses inutiles seraient immédiatement récupérées par les finances publiques.

PROPOSITION N° 1 : Suppression des niches fiscales.

PROPOSITION N° 2 : Création de deux nouvelles tranches d'impôt sur le revenu (taux de 50 % à partir de dix Smic, taux confiscatoire au-delà de vingt Smic).

PROPOSITION N° 3 : Création d'un serpent fiscal européen.

5

ÉLOGE DE LA DÉPENSE PUBLIQUE

Christophe Ramaux

« Charges sociales », « poids des prélèvements obligatoires » : c'est en des termes accusateurs qu'est traditionnellement évoquée la dépense publique. L'idée communément admise est la suivante : le secteur public improductif est financé par un prélèvement sur le secteur privé qui étouffe ce dernier alors même que c'est lui, seul, qui crée la richesse. Avec la forte hausse de la dette publique depuis 2008, la stigmatisation a redoublé d'intensité : il faudrait de toute urgence réduire la sphère de l'intervention publique. L'Europe s'est ainsi lancée dans une véritable course à l'échalote en la matière. Pour séduire les agences de notation et les investisseurs financiers, c'est à qui réduira le plus ses retraites, le nombre de ses fonctionnaires, etc.

Et si la dépense publique était avant tout une bonne chose pour le bien-être et l'emploi ? Démonstration en 11 arguments.

LA DÉPENSE PUBLIQUE REPRÉSENTE PLUS DE 50 % DU PIB, MAIS CELA NE SIGNIFIE PAS QUE LE SECTEUR PUBLIC ACCAPARE PLUS DE LA MOITIÉ DE LA RICHESSE

Les dépenses des administrations publiques (État, collectivités locales et organismes de Sécurité sociale) comprennent celles prises en charge par les impôts et les cotisations sociales (les prélèvements obligatoires, soit 42 % du PIB en 2010), celles assumées par les ressources que ces administrations tirent de la vente d'une partie de leurs services (forfait hospitalier, frais d'inscription à l'université, billets de musée, etc.) et celles financées par les déficits. Au total, la dépense publique représente un peu plus de 50 % du PIB en France (52,5 % en 2005, 56 % en 2010 à la suite de la récession). Mais cela ne signifie aucunement que plus de la moitié de la richesse va au secteur public ou aux fonctionnaires.

En effet, dans la dépense publique on additionne des choux et des carottes, ou plutôt, en l'occurrence, des carottes (vendues finalement par le privé) et des soins ou de l'éducation (délivrés par le public). À l'intérieur de cette dépense (tout comme à l'intérieur des prélèvements obligatoires), il faut clairement distinguer deux domaines. D'une part, il y a les sommes qui servent à payer des services publics, et donc à rémunérer les fonctionnaires. Ces services bénéficient aux ménages : d'une façon ou d'une autre, ce sont eux qui les consomment. D'autre part, il y a les sommes qui correspondent à des transferts monétaires, lesquels comprennent toutes les prestations sociales en espèces (retraites, allocations chômage, etc.). Elles donnent certes lieu à prélèvements, mais elles sont immédiatement reversées, à la fin de chaque mois, aux ménages, ce qui soutient leur revenu et donc leur consommation. Les prestations sociales en espèces versées par les administrations s'élèvent à 378 milliards d'euros (en 2010) : c'est près de 30 % du revenu disponible brut des ménages (et 35 % de la dépense publique). Une réalité totalement occultée par le discours sur les « charges sociales » ou le « poids des prélèvements obligatoires ».

LA DÉPENSE PUBLIQUE EST INDISPENSABLE AU SECTEUR PRIVÉ

La dépense publique est indispensable au secteur privé à plusieurs titres. Certaines dépenses engagent et assurent directement l'avenir. Un pays a tout à gagner à avoir une population éduquée, une recherche de pointe ou encore des infrastructures modernes (routes, aéroports, chemins de fer, réseau électrique, etc.). Les employeurs bénéficient de ces infrastructures et de la main-d'œuvre formée par l'Éducation nationale. Indirectement, les dépenses de transfert leur sont aussi utiles : les retraites et les allocations chômage alimentent le revenu des ménages. Elles soutiennent donc leur consommation et par conséquent les débouchés des entreprises, qui seraient bien en peine de vendre leurs produits et leurs services sans cela. La crise l'a montré : les pays qui ont l'État social le plus développé résistent mieux aux « chocs ».

Selon les sociaux-libéraux, il faudrait réduire la dépense publique en la recentrant sur certaines fonctions (enseignement supérieur, recherche, etc.). C'est l'éloge de l'État dit stratège, « light » ou intelligent.

Mais derrière ce discours modernisateur se cache un vieux projet conservateur : comprimer les allocations chômage pour inciter ces fainéants de pauvres à accepter des emplois à mi-temps mal payés (et réduire ainsi le chômage à bon compte), diminuer les retraites et la couverture santé pour laisser la place à ce que les libéraux osent appeler les « nouveaux entrepreneurs sociaux » (fonds de pension, assurances privées, entreprises privées d'aide à domicile, etc.). De même, bien souvent, l'éloge des dépenses publiques d'infrastructures au détriment des dépenses de fonctionnement n'a guère de sens : à quoi sert de construire des laboratoires de recherche, des universités ou des écoles (dépenses d'infrastructures) s'il n'y a pas de personnels pour les faire tourner (dépenses de fonctionnement) ?

UN FONCTIONNAIRE EST PRODUCTIF, IL CONTRIBUE AU PIB

Contrairement à ce que soutiennent les libéraux, un fonctionnaire n'est pas un « improductif » financé par un prélèvement sur le privé, qui serait seul créateur de richesse. Très largement répandue, cette idée est erronée. Les fonctionnaires produisent des valeurs d'usage, soit l'utilité de l'enseignement, de la santé, de la sécurité, etc. Mais ils produisent simultanément – et on l'ignore trop souvent – des valeurs monétaires, de la richesse monétaire. Dans tous les pays du monde s'applique ainsi une règle simple de comptabilité nationale : les fonctionnaires, quelle que soit la nature de leur activité (enseignant, infirmière, militaire, travailleur social, etc.), contribuent au PIB (c'est ce que l'on nomme le PIB non marchand), et ce à hauteur de leur salaire (ce qui se comprend, puisque leur activité ne génère pas de profit).

La richesse créée par le fonctionnaire est à la fois monétaire et non marchande. Monétaire, puisqu'elle fait l'objet d'une évaluation monétaire, le fonctionnaire étant lui-même payé en monnaie. Non marchande, puisque le service est, pour l'essentiel, délivré gratuitement aux usagers[1].

Cette richesse bénéficie aux ménages et, d'une façon ou d'une autre, elle augmente leur revenu et leur consommation. Dans la production des administrations, on repère ainsi celle qui donne lieu à une consommation « individualisable » au bénéfice des ménages. C'est ce que l'on nomme les transferts sociaux en nature (311 milliards d'euros en 2010), comprenant essentiellement les soins et l'éducation.

Compte tenu de ce qui a été dit précédemment sur les prestations en espèces, on peut à présent prendre toute la mesure de la vacuité du discours qui assimile la dépense publique à de simples « charges » ou « prélèvements ». Les richesses monétaires produites par les services publics non marchands augmentent le revenu disponible des ménages : on aboutit à ce que l'on nomme le revenu disponible brut ajusté (RDBA). À l'intérieur de celui-ci, les transferts sociaux en nature représentent 21,3 % et les prestations sociales en espèces 25,3 %. Près de la moitié du revenu des ménages (46,6 % du RDBA en 2010) est donc

1. Voir Jean-Marie Harribey, « Les vertus oubliées de l'activité non marchande », *Le Monde diplomatique*, novembre 2008, http://harribey.u-bordeaux4.fr/travaux/valeur/non-marchand-diplo.pdf.

socialisée et provient de la dépense publique[1]. Et encore n'a-t-on pas pris en compte à ce stade la production « non individualisable » des administrations (justice, police, armée, etc.), laquelle est pourtant à l'usage des ménages et représente 169 milliards d'euros en 2010 – on dépasse alors les 50 % du RDBA[2].

On peut encore dire les choses autrement, comme l'indiquent Camille Landais, Thomas Piketty et Emmanuel Saez[3]. Le revenu national avant impôt est de 2 800 euros par adulte en moyenne et par mois (en 2010). Sur cette somme, on paie en impôts et cotisations sociales 1 300 euros, soit la moitié (49 %). Mais « rien ne se perd », comme le soulignent les trois auteurs. Une partie est reversée directement sous forme de transferts monétaires (600 euros). Le revenu des ménages en espèces sonnantes et trébuchantes (une fois payés les impôts et les cotisations et reçus les transferts monétaires) est donc de 2 100 euros par mois. Une autre partie (700 euros) paie les services publics (éducation, soins, justice, police, etc.), qui sont d'une façon ou d'une autre consommés par

1. Notons qu'une toute petite partie – on ne l'a donc pas retranchée ici – des prestations sociales en espèces et des transferts sociaux en nature provient du privé (couverture supplémentaire, crèches d'entreprise, etc.).
2. Dans la mesure où cette production n'est pas individualisable, les comptables nationaux considèrent qu'elle est consommée par les administrations elles-mêmes. Cette convention comptable ne doit pourtant pas masquer que ce sont les ménages qui en bénéficient finalement. De même, ne sont pas intégrés ici les investissements réalisés par les administrations publiques (59 milliards d'euros en 2010).
3. Camille Landais, Thomas Piketty et Emmanuel Saez, *Pour une révolution fiscale*, *op. cit.*

les ménages. On retombe ainsi par définition sur nos 2 800 euros, soit 100 % du revenu initial.

À QUOI SERT DONC L'IMPÔT ? IL VALIDE LA PRODUCTION DES SERVICES NON MARCHANDS

À quoi sert donc l'impôt, puisque le fonctionnaire crée, par son activité, la richesse monétaire qui couvre son salaire ? L'impôt ne sert pas à proprement parler à financer l'activité du fonctionnaire, mais à la payer, ce qui n'est pas exactement la même chose. On ne dit pas à son boulanger : « Heureusement que je suis là pour financer la boulangerie » ; on lui paie, et c'est bien normal, le croissant qu'il a produit. L'impôt, au fond, joue la même fonction que le prix pour la production privée : il valide la production des services publics non marchands.

Dit autrement, ce qui est en jeu à travers l'impôt, de même qu'à travers les prix marchands – eux-mêmes fortement enserrés dans des règles institutionnelles (droit de la concurrence, droit du travail, etc.) –, ce n'est rien d'autre que la validation sociale des activités des uns et des autres. À combien valoriser les activités, les heures de travail, des uns par rapport à celles des autres ? C'est à cette question centrale que répondent les prix et l'impôt. Ainsi, certains métiers du privé comme du public sont plus ou moins valorisés selon les pays et les époques.

Une hausse des impôts – on ne parle pas ici des prélèvements de « transfert », qui sont reversés en espèces aux ménages – peut donc renvoyer à deux cas de figure, à deux types de choix : celui qui consiste à augmenter le périmètre du public en transformant en service non marchand ce qui était auparavant marchand (et donc payant), ou celui qui consiste à mieux valoriser, à périmètre constant, les activités du public par rapport à celles du privé. Dans les deux cas, il y a évidemment matière à débat démocratique.

Cette façon d'appréhender l'impôt permet de recréer du lien entre « travailleurs du privé » et « travailleurs du public », ce qui n'est pas rien si l'on admet que la césure entre eux – sciemment entretenue par le discours libéral et la mise en œuvre de la « réforme » – est l'un des principaux défis à relever, notamment en France, où elle est particulièrement vive.

LA DÉPENSE PUBLIQUE EST PLUS FAIBLE DANS CERTAINS PAYS, MAIS ILS NE S'EN PORTENT PAS MIEUX

Faut-il de préférence confier au public la prise en charge de certaines situations (retraite, chômage, famille, etc.) et la réalisation de certaines activités (éducation, soins, etc.) ?

Les pays où la dépense publique est élevée ont généralement répondu oui à cette question. Ce sont ceux où, de l'avis général, il fait plutôt bon vivre – comme les pays nordiques. Dans ces pays, il est admis que payer des impôts est une bonne chose. Et c'est peut-être pourquoi il y fait bon vivre : une vie en commun harmonieuse n'est-elle pas une des conditions de l'épanouissement individuel ?

Les pays libéraux, où la dépense publique est faible, ont fait un choix inverse. Certes, on y trouve des prestations sociales et des services publics, mais leur couverture est plus restreinte. Une part importante des retraites (avec les fonds de pension), de la santé (avec les assurances privées) ou encore de l'enseignement est prise en charge par le privé.

Ce choix est-il plus juste ? Très clairement, non : les inégalités sont plus grandes dans ces pays, seuls les riches pouvant s'offrir une bonne couverture. Est-il moins coûteux ? Très clairement à nouveau, non : les États-Unis dépensent 17 % de leur PIB pour la santé (contre 13 % en France) – c'est un record absolu. Pour autant, les performances médicales ne sont pas au rendez-vous : l'espérance de vie y est plus faible et la mortalité infantile plus forte que dans nombre de pays qui dépensent pourtant moins. Comment expliquer ce gaspillage ? Par les profits versés aux actionnaires, certes, mais ce n'est pas la seule explication ; le coût même du recours au marché est en jeu. Aux États-Unis, pour les retraites et plus encore pour la santé, il existe une multitude d'opérateurs privés, des milliers d'actuaires pour calculer polices et primes d'assurance et démarcher les entreprises, des milliers d'avocats pour trancher les conflits, etc. Les frais de fonctionnement du marché sont donc colossaux. *A contrario*, les frais de fonctionnement de la Sécurité sociale en France sont minimes : il n'y a pas d'actionnaires à rémunérer, et le « barème » (taux de cotisation, calcul des prestations) est le même pour tous[1].

Une précision importante ici : aux États-Unis, à la fin de chaque mois, les entreprises et les salariés

1. Notons qu'en France même les frais de fonctionnement des complémentaires santé (même lorsqu'elles sont assumées par des mutuelles à but non lucratif) sont beaucoup plus élevés (entre 20 % et 30 %) que ceux de la Sécurité sociale (de l'ordre de 5 %).

versent des contributions aux fonds de pension et aux assurances privées. Mais ces sommes n'entrent pas dans les prélèvements obligatoires – à l'instar des polices d'assurance habitation ou voiture (pourtant obligatoires) en France –, puisque ceux-ci ne désignent que ce qui est versé aux administrations publiques. En clair : aux États-Unis, les prélèvements obligatoires sont effectivement moindres qu'en France ou en Suède, mais les prélèvements au bénéfice du privé y sont plus importants.

Certains patrons étatsuniens exigent depuis longtemps la création d'une protection sociale « à l'européenne », voire – provocation suprême – « à la française ». La plupart exercent leur activité dans des secteurs jadis florissants mais aujourd'hui en déclin (sidérurgie, automobile, etc.). Leur point de vue se comprend aisément : la solidarité restreinte primant la solidarité nationale, ils sont obligés de verser des sommes colossales pour les pensions et la complémentaire santé de leurs très nombreux retraités.

Au final, la comparaison public/privé, y compris au niveau international, est loin d'être à l'avantage de ce dernier. Et on peut encore citer d'autres arguments. Les crèches et la scolarisation précoce permettent de réduire les inégalités scolaires et sont favorables à l'emploi des femmes. La prise en charge publique de la santé, de la retraite ou du chômage évite aux ménages d'avoir à épargner, ce qui a pour effet de réduire les inégalités (les possibilités d'épargne étant très inégalement réparties) et de soutenir la consommation et l'activité.

En Chine, les ménages doivent épargner pour leur santé, leur retraite, mais aussi pour l'éducation de leur enfant. Le taux d'épargne y est très élevé, la consommation insuffisante, et la croissance est donc tirée par les exportations. D'où des excédents commerciaux record, l'épargne excédentaire étant recyclée pour financer les pays qui sont en déficit commercial (les États-Unis en particulier). Ces déséquilibres commerciaux permanents ne sont pas viables à long terme : on a là l'une des racines de la crise qui s'est ouverte en 2007. Un éditorialiste pourtant fort libéral a titré un jour son article : « Quand la Chine a besoin de socialisme[1] ». On ne saurait mieux dire : afin de réduire l'épargne et de favoriser la croissance interne, il faudrait en effet développer en Chine la retraite et la santé publiques. Le gouvernement chinois l'a en partie reconnu et a décidé de consacrer une part non négligeable de son plan de relance à ces volets.

LE BILAN PEU GLORIEUX DES PRIVATISATIONS ET DES PARTENARIATS PUBLIC-PRIVÉ

Le privé est-il plus juste et plus efficace que le public ? En un sens, c'est la seule question qui vaille.

Le secteur public n'est évidemment pas irréprochable. Il y a des pays où il est encore synonyme de corruption, même si celle-ci concerne aussi le privé. De façon générale – il serait vain et contre-productif de le nier –, le public est menacé par un risque de bureaucratisation. Il y a bien lieu, de ce fait, de l'améliorer et de l'adapter en permanence afin qu'il remplisse toujours mieux ses missions au service du public et

1. Éric Le Boucher, « Quand la Chine a besoin de socialisme », *Le Monde*, 26 novembre 2006.

de l'intérêt général. Mais c'est une chose de dire cela et d'imaginer les dispositifs pour progresser (notamment par un contrôle plus étroit des usagers), c'en est une autre de prendre ce prétexte pour le démanteler, comme ne cessent de le faire les libéraux.

Le secteur public a vocation à assurer certaines missions que la société juge nécessaire de soustraire au jeu des intérêts capitalistes. La justice, la police, mais aussi l'éducation, l'accès aux soins, à l'eau, à l'énergie, les transports collectifs, la construction et l'entretien des infrastructures, la prise en charge de certaines situations, comme la retraite ou le chômage : l'histoire montre qu'il importe, pour des raisons de justice mais aussi d'efficacité, de placer ces missions sous contrôle public, même s'il est ensuite légitime de s'interroger sur la façon dont elles sont remplies, et en particulier sur le degré de décentralisation souhaitable.

Depuis trente ans, un vaste mouvement de privatisation a été engagé un peu partout dans le monde, la France n'étant pas en reste. Notons au passage que ces privatisations, le plus souvent, ne font pas baisser la dépense publique : en effet, elles concernent un segment du secteur public, celui des *entreprises publiques*, qui, à l'inverse des services publics non marchands, ne relève pas de l'impôt[1]. De même, les partenariats public-privé ont été encouragés. Et ce qui reste du secteur public a lui-même été sommé, selon les préceptes du *new public management*, de se conformer aux règles du privé : RGPP (révision générale des

1. La SNCF, EDF ou encore La Poste tirent leurs ressources de la vente de leur production et non de l'impôt. Leur activité ne relève donc pas de la dépense publique.

politiques publiques), T2A (tarification à l'activité à l'hôpital), LRU (loi relative aux libertés et responsabilités des universités), etc.[1].

Le bilan de ce tournant libéral est loin d'être glorieux. Les fonctionnaires sont systématiquement méprisés, et leur mise en concurrence se fait au détriment de la coopération, sans laquelle pourtant, ici comme ailleurs, rien n'est possible. Les rapports se multiplient qui pointent les risques d'une forte dégradation de la qualité des services rendus dans les secteurs qui, à l'encontre des exigences de rentabilité financière à court terme, requièrent des engagements à la fois massifs et pérennes : transports ferroviaires, production et distribution d'électricité, etc. De même, les accusations s'accumulent contre les privatisations (notamment celle du gaz, pour ne pas parler de celle des banques) ou leurs succédanés que sont les fameux partenariats public-privé : surcoûts en cascade pour le nouvel hôpital de Corbeil-Évry, charges exorbitantes des « services » dans les prisons privées (avec facturation des frais aux détenus et à leurs familles), rentes mirifiques des sociétés d'autoroutes et des délégataires privés de l'eau, etc.

1. La précarité au sein même du secteur public est aussi un gros problème, bien qu'il ne soit pas nouveau, l'État se permettant depuis trop longtemps des pratiques que la loi n'autorise pas dans le privé.

LA DÉPENSE PUBLIQUE JOUE UN RÔLE ESSENTIEL DANS LA RÉDUCTION DES INÉGALITÉS

Les deux volets en jeu dans la dépense publique, la protection sociale et les services publics, ont été profondément remis en cause et déstabilisés par trente ans de néolibéralisme. Faut-il en conclure qu'ils ont quasiment disparu, qu'il n'en resterait que des résidus, que l'État ne redistribuerait plus rien ?

En réalité, les effets redistributifs de la fiscalité entendue au sens large (impôts et cotisations sociales) et de la dépense publique, avec ses diverses prestations et ses divers transferts en espèces (retraites, chômage…) mais aussi en nature (santé, école…), sont toujours massifs[1].

En termes de revenus primaires (salaires, revenus du capital, etc.) – « primaires » signifiant avant toute redistribution –, les 20 % les plus riches touchent, en moyenne, 8,1 fois plus que les 20 % les plus pauvres, soit un revenu annuel par unité de consommation[2] de respectivement 60 620 euros et 7 510 euros.

Les impôts directs (notamment l'impôt sur le revenu) et les cotisations sociales contribuent peu à la réduction des inégalités[3] : si on les prend en compte,

1. On se réfère ici à une étude de l'INSEE : Sylvie Le Laidier, « Les transferts en nature atténuent les inégalités de revenus », *Insee Première*, nº 1264, 2009. L'étude ne porte que sur les quintiles (tranches de population de 20 %) et les données sont de 2003.
2. Le revenu par unité de consommation est calculé comme suit : 1 unité pour un adulte ; 0,5 unité pour les autres personnes du ménage âgées de 14 ans ou plus ; 0,3 unité pour les enfants de moins de 14 ans.
3. Les impôts indirects (comme la TVA) ne sont pas pris en compte ici.

l'écart entre les deux quintiles extrêmes passe de 8,1 à 7,6. C'est moins par les recettes (impôts et cotisations) que par la dépense publique que la redistribution s'opère. Les prestations sociales (et autres transferts) en espèces permettent en effet de réduire cet écart à 5. Ainsi, si l'on tient compte des revenus primaires, des impôts et cotisations payés par les ménages et des prestations en espèces perçues, les 20 % les plus pauvres perçoivent un revenu disponible brut de 10 080 euros (par unité de consommation) par an et les 20 % les plus riches un revenu disponible brut de 50 030 euros.

Une précision à ce sujet : les riches perçoivent davantage de prestations en espèces que les pauvres : 14 120 euros contre 5 320 euros. Un écart non négligeable qui s'explique principalement par le fait que les retraités (les pensions forment la plus grande part des prestations en espèces) se situent plus souvent dans le haut de la distribution des revenus que dans le bas, les pensions de retraite des riches étant en outre plus élevées que celles des pauvres. Mais comme cet écart est inférieur au précédent, il y a malgré tout réduction des inégalités.

L'étape suivante consiste à prendre en compte les effets des transferts sociaux en nature dont bénéficient individuellement les ménages. Ces transferts correspondent, pour l'essentiel, aux services de santé (soins, remboursement des médicaments...) et à l'éducation[1].

1. Les services de santé représentent 43 % des transferts sociaux en nature, l'éducation 33 %. Viennent ensuite l'aide sociale (aide à la garde d'enfant, aux handicapés ou aux personnes âgées) à hauteur de 6 %, les aides au logement (6 %) et les aides aux activités sportives, récréatives ou culturelles (7 %).

Grâce aux transferts en nature, l'écart entre les 20 % les plus riches et les 20 % les plus pauvres passe à 3,2[1]. Notons que, à l'inverse des prestations en espèces, les transferts en nature bénéficient plus aux pauvres (7 400 euros par an) qu'aux riches (5 110 euros par an).

On est donc passé d'un écart de 8,1 à un écart de 3,2, et même de 2,2 si l'on tient compte de la seule consommation finale effective (y compris de services publics) des ménages (les ménages riches épargnent beaucoup, à l'inverse des pauvres). Les transferts sociaux en nature représentent 42,3 % du revenu disponible brut ajusté des 20 % les plus pauvres, contre 9,3 % pour les plus riches. C'est évidemment colossal[2].

La conclusion est limpide : contrairement à ce que l'on entend souvent, l'État social contribue bel et bien à soutenir le niveau de vie des plus pauvres. Il contribue aussi à la réduction des inégalités. Mais celles-ci persistent : alors que les 20 % les plus riches accaparent 42 % des revenus primaires et les 20 % les plus pauvres seulement 5 %, avec le système de redistribution les chiffres sont respectivement de 36 % et de 11 %. Il y a décidément de la marge pour la justice sociale… Et ce d'autant plus que ne sont pas repérés ici (puisqu'on s'intéresse aux quintiles) les effets de la

1. Les ménages les plus modestes et les familles bénéficient particulièrement des transferts liés à l'éducation, et les plus âgés de ceux liés à la santé.

2. Les 20 % les plus pauvres ont (par unité de consommation) un revenu primaire de 7 510 euros. Leurs « revenus sociaux » font bien plus que doubler ce montant : 12 720 euros par an au total (5 320 euros en espèces et 7 400 euros en nature), soit bien plus que ce qu'ils paient en termes d'impôts directs et de cotisations sociales (2 760 euros).

contre-révolution fiscale au bénéfice des 10 % – sans parler des 1 % – les plus aisés[1].

SORTIR DU DÉBAT PIÉGÉ SUR LA DETTE PUBLIQUE

En France, la dette publique brute a atteint 1 600 milliards d'euros à la fin de 2010 (80 % pour l'État, 10 % pour les collectivités locales et la Sécurité sociale réunies). Les libéraux prennent prétexte de cette dette pour justifier l'austérité budgétaire. Or il faut tout d'abord la relativiser.

En matière de dette publique, l'important n'est pas tant le stock de dette que les charges d'intérêts que l'État doit payer chaque année. Or celles-ci dépendent certes du stock, mais aussi des taux d'intérêt réel, et plus précisément de l'écart entre ces taux et le taux de croissance[2]. Si cet écart est positif, la charge s'accroît mécaniquement, de même que le stock de dette – c'est l'effet boule de neige[3]. En clair, pour réduire la charge de la dette, il faut d'abord agir sur deux

1. Lire à ce sujet le chapitre 4.
2. Les États, à l'inverse des ménages, n'ont pas une durée de vie finie. Ils ne sont en conséquence pas tenus de rembourser leur stock de dettes à une date donnée (entre 60 et 70 ans pour les ménages). Ils ont la possibilité – et ce n'est pas en soi un problème (les entreprises le font aussi) – de reconduire leurs dettes indéfiniment.
3. Les charges d'intérêts des administrations publiques (État, soit l'essentiel, mais aussi collectivités locales et Sécurité sociale) représentaient 1,2 % en 1980, 2,5 % dans la seconde moitié des années 1980 et près de 3,5 % entre 1995 et 1997. Elles ont ensuite baissé jusqu'à 2,4 % en 2009 et 2010. Malgré l'explosion récente

leviers : tourner le dos aux politiques d'austérité salariale et budgétaire qui plombent la croissance, d'une part, et empêcher les marchés financiers d'imposer une flambée des taux d'intérêt, d'autre part (voir les chapitre 2 et 11). La dette publique française n'a en outre rien d'exceptionnel. À 82 % du PIB fin 2010, elle est dans la moyenne de la zone euro et inférieure à celles des États-Unis (où elle vient de dépasser les 100 %) ou du Japon (220 %). Les libéraux clament que cela représente 25 000 euros par personne. Ils omettent de préciser que la dette publique a pour contrepartie des titres d'emprunt (obligations) détenus par des ménages. Qui dit dette dit créance. Ainsi, contrairement à ce que l'on entend – « On ne lègue pas une dette aux générations futures » –, on leur lègue aussi des créances. Cependant, compte tenu des inégalités dans la détention des patrimoines financiers, il y a bien un problème. Mais encore faut-il le nommer correctement : les enfants de salariés risquent de devoir payer aux enfants de rentiers, ce qui, de fait, est difficilement acceptable.

Par ailleurs, la dette brute ne prend pas en compte les actifs publics (routes, écoles, etc.). Avec eux, le solde (le patrimoine net des administrations publiques) est largement positif : 417 milliards d'euros fin 2009, soit un legs (sans parler du « non-monétaire » : connaissances, espérance de vie, etc.) de 6 500 euros par personne (185 000 euros par personne si l'on ajoute le patrimoine « privé », constitué principalement de logements).

Il faut ensuite saisir la dynamique de la dette publique. De 25 % du PIB en 1982, date de la dernière

de la dette publique, la France paie donc moins d'intérêts (en pour cent de son PIB) en 2010 qu'au milieu des années 1990, où les taux d'intérêt étaient prohibitifs.

grande relance keynésienne, la dette a plus que triplé depuis. Les libéraux pointent l'excès de dépenses comme si l'austérité budgétaire n'avait pas prévalu. L'essentiel de la dette publique, on l'a dit, est constitué par celle de l'État. Or les dépenses de ce dernier ont eu tendance à se contracter (en pour cent du PIB) : de 25 % au milieu des années 1990 à 22 % entre 2006 et 2008[1]. Très clairement, l'explication libérale ne tient pas. Le « solde budgétaire » dépend en fait principalement des recettes. L'analyse keynésienne est ici précieuse : en cas de stagnation ou de récession, on a du chômage, mais aussi une dégradation des comptes publics, à la fois parce que certaines dépenses augmentent (comme les prestations chômage) et en raison de la chute des recettes fiscales, lesquelles dépendent directement de la croissance. Le déficit public est passé de 3,4 % du PIB en 2008 à 7 % en 2010. Cela ne s'explique pas par la « relance » Sarkozy – particulièrement piteuse au regard de ce qui a été fait aux États-Unis ou en Chine –, mais par la chute des rentrées fiscales[2]. La dette publique avait gonflé de 20 points de PIB avec

1. Hors charges d'intérêts sur la dette publique, la part des dépenses de l'État (celle des administrations publiques centrales, hors dépenses des collectivités locales et des organismes de Sécurité sociale) est passée de 22,5 % (du PIB) en moyenne entre 1994 et 1997 à un peu moins de 20 % entre 2006 et 2008. La baisse est sensible. Cette part est remontée à 22,4 % en 2010 sous l'effet de la crise. On vérifie ici que, au-delà du montant de la dette en elle-même, c'est aussi le niveau des taux d'intérêt (exorbitants dans les années 1990) qui compte.
2. Les recettes fiscales ont baissé de 53 milliards d'euros entre 2008 et 2009. Cette chute a aggravé l'effet du sabotage fiscal pratiqué depuis une vingtaine d'années. Voir à ce sujet le chapitre 4.

la récession du début des années 1990 (de 36 % en 1991 à 58 % en 1996). Elle est en passe de bondir d'au moins autant. Entre 1997 et 2001, avec la croissance et les créations d'emplois, elle avait au contraire baissé de 2,4 points de PIB.

LE PROBLÈME MAJEUR N'EST PAS LA DETTE PUBLIQUE MAIS LA DETTE PRIVÉE

On parle toujours du « trou du public », mais pas de celui du privé. La dette privée des ménages et des entreprises (sans même parler de celle des institutions financières) est pourtant celle qui a explosé à partir de 2007. Elle est autrement plus importante : 120 % en France en 2008, un niveau d'ailleurs assez faible comparé à d'autres pays (175 % aux États-Unis, environ 200 % en Espagne et au Royaume-Uni).

Comment expliquer l'explosion de la dette privée dans les années 1990 et 2000, en particulier aux États-Unis, au Royaume-Uni ou en Espagne ? Le néolibéralisme est directement en cause. Libéralisation de la finance, libre-échange, austérité salariale et contre-révolution fiscale : ces quatre leviers, actionnés un peu partout dans le monde, ont provoqué une explosion des inégalités et une compression de la demande. Face à cette situation, les États-Unis (en tête) ont alors en quelque sorte sauvé la croissance mondiale, et ce par une explosion de l'endettement privé des ménages. À défaut d'augmenter leurs salaires, on les a poussés à s'endetter, la finance y trouvant largement son compte au passage. Cela a effectivement soutenu la croissance mondiale pendant un temps. Jusqu'à ce que cette dette privée explose. Depuis la crise des *subprimes*, faute d'une rupture franche avec les quatre leviers néolibéraux, c'est la dette publique qui a pris le relais. Sans elle, les économies se seraient littéralement effondrées, ce qui n'aurait pas pour autant permis que les comptes publics se redressent, puisqu'ils dépendent avant tout des recettes, donc de l'activité.

La focalisation sur la dette publique plutôt que sur celle du privé renvoie au discours libéral selon lequel le public est improductif et « pèse » sur le privé. Si l'on considère qu'il crée de la richesse monétaire (ce qui est le cas), il est clair que le déficit public n'est pas en soi un mal : il peut soutenir et lancer des activités. La prétendue « règle d'or » qui se fixe pour objectif l'équilibre des comptes publics est à la fois inepte (elle n'a aucune chance d'être respectée dans le contexte de crise actuel), antidémocratique et ultralibérale.

Les États-Unis avaient une dette publique de près de 120 % du PIB à l'issue de la Seconde Guerre mondiale. Cela n'a pas empêché la suite : avec la croissance, la taxation des hauts revenus et un peu d'inflation, la dette a fondu comme neige au soleil (moins de 30 % au début des années 1970).

COMMENT DIMINUER LA DETTE PUBLIQUE ?

La dette publique n'est donc pas la question principale. Sa forte croissance au cours des quatre dernières années est d'abord liée à la crise. Pour la réduire, il faudra sortir de celle-ci. Or les choix effectués par les dirigeants européens nous y aident-ils ?

Il importe à ce niveau de distinguer deux types de déficits. D'un côté, il y a les déficits expansionnistes : les dépenses publiques soutiennent de façon cumulative la croissance[1], ce qui permet d'escompter finalement un surcroît de recettes et la réduction des déficits initiaux. C'est l'« effet cagnotte » : l'État « gagne ce qu'il dépense[2] ». De l'autre côté, il y a les déficits récessifs : les politiques libérales (dont l'austérité budgétaire) plombent l'activité, ce qui creuse finalement les déficits et la dette par défaut de recettes. C'est exactement ce que subit la Grèce : malgré des coupes drastiques dans les budgets publics, le déficit en 2011 n'est pas nettement inférieur à celui de 2010.

La dette publique s'est aussi creusée en raison des cadeaux fiscaux qui ont été faits aux riches, lesquels ont même bénéficié d'un deuxième effet positif :

1. Selon le principe dit du « multiplicateur », un surcroît de dépenses publiques se traduit par un surcroît plus important de la production globale. Exemple : la construction d'écoles génère des revenus – les salaires des ouvriers qui les construisent – qui eux-mêmes vont être, pour une large part, dépensés en achat de nourriture, de vêtements, de services, etc., ce qui va accroître la demande de ceux-ci, donc leur production, donc les revenus, lesquels, à leur tour, vont être dépensés, etc.

2. Selon une célèbre formule qui résume la pensée de Michal Kalecki, économiste marxo-keynésien : « Les salariés dépensent ce qu'ils gagnent, alors que les capitalistes gagnent ce qu'ils dépensent. » Un salarié, au cours de sa vie, ne peut guère consommer plus que ce qu'il gagne, alors que le capitaliste emprunte de l'argent qu'il investit (la dette est donc motrice, inaugurale), avec l'espoir que cela lui permettra non seulement de rembourser la dette initiale, mais d'en tirer un profit (il « gagne » donc ce qu'il « dépense »). Si l'on considère que l'État est productif (ce qui est le cas), la formule peut lui être appliquée.

puisqu'ils paient moins d'impôts, l'État est obligé d'emprunter auprès d'eux. Les politiques monétaires sont également responsables : taux d'intérêt réels élevés, en particulier en Europe, au début des années 1990, mais aussi depuis 2010 pour certains pays du fait de la spéculation (Grèce, Portugal, et à présent Italie et Espagne). En choisissant de ne pas s'attaquer à la finance, les États se sont placés sous la coupe des marchés. La dette publique, à l'instar de celle du privé, est ainsi devenue – signe du grand retour des rentiers – un levier de la financiarisation. C'est d'autant plus vrai dans l'Union européenne qu'elle se refuse *a priori* à monétiser sa dette, à l'inverse des États-Unis (bien que la BCE enfreigne – timidement – cette règle depuis 2010 dans le cas de certains pays)[1].

Pour diminuer le poids de la dette publique, il faut rompre avec les politiques libérales à tous les niveaux. Cela passe notamment par une relance salariale générale (et plus soutenue encore dans les pays qui connaissent des excédents commerciaux exorbitants, comme l'Allemagne), par une autre politique monétaire, par le retour à une fiscalité progressive (c'est ce que tente de faire Barack Obama, tandis que Nicolas Sarkozy et les autres dirigeants européens font exactement l'inverse !) et par une relance budgétaire ciblée en fonction

1. On parle de « monétisation de la dette » lorsque la banque centrale finance directement le déficit public. Depuis le début de la crise en cours, la Réserve fédérale américaine recourt massivement à cette pratique (qualifiée de « non conventionnelle »). Jusqu'à présent, la BCE n'y a eu recours que beaucoup plus timidement, les traités (article 123 du traité de Lisbonne) lui interdisant cette pratique – une interdiction qui existait de longue date en Allemagne et que la France a reprise en 1973 (loi du 3 janvier 1973).

de certains besoins : éducation, santé, mais aussi protection de l'environnement.

L'ÉCOLOGIE EXIGE D'ABORD DE LA DÉPENSE PUBLIQUE

Il faut sortir de la vision punitive de l'écologie. L'écologie doit être la nouvelle frontière du progrès social. La mondialisation libérale est une véritable catastrophe pour l'environnement. La protection de ce dernier exige de relocaliser impérativement certaines productions et de privilégier les circuits courts. Cela passe par une réduction drastique du pouvoir de la finance, par le contrôle des mouvements de capitaux et par la remise en cause du libre-échange. Mais la réduction des émissions de gaz à effet de serre suppose aussi et avant tout des investissements publics massifs – pour la rénovation énergétique des bâtiments, les transports collectifs et le développement des énergies renouvelables.

S'il est un domaine qui atteste que le tout n'est pas réductible au jeu des parties, ni l'intérêt général à la somme des intérêts particuliers, c'est bien l'écologie. Plus que toute autre, celle-ci engage le long terme et le collectif, soit deux dimensions que le marché et la recherche du profit sont bien en peine d'assumer.

> PROPOSITION N° 1 : Une politique de soutien à l'activité et d'augmentation des impôts sur les plus riches afin d'élargir les marges de manœuvre budgétaires.

PROPOSITION N° 2 : Une réhabilitation de la dépense publique remettant en cause les partenariats public-privé et les politiques de démantèlement des services publics (RGPP, T2A, LRU, etc.).

PROPOSITION N° 3 : Un plan pluriannuel de relance budgétaire, en particulier autour de trois volets : l'ensei gnement et la recherche, la santé, l'écologie.

6

POUR UN RENOUVEAU DE LA PROTECTION SOCIALE

Philippe Batifoulier, Pierre Concialdi, Jean-Paul Domin et Damien Sauze

Depuis une trentaine d'années, les politiques sociales sont enfermées dans le carcan des dogmes libéraux. La politique de maîtrise des dépenses sociales mise en œuvre à partir de 1983 a donné un premier coup d'arrêt à l'extension de la couverture sociale. Dans une logique « gestionnaire », les remodelages de nombreux dispositifs ont introduit les prémices d'une protection de moins en moins sociale et de plus en plus à deux vitesses. La déconstruction des protections sociales s'est accélérée à partir des années 1990 et, plus encore, à partir de 2007, avec notamment la « réforme » hospitalière, les franchises médicales et les nouveaux coups de boutoir portés au système de retraite. Ces politiques néolibérales se sont appuyées sur une idéologie qui, sous couvert de « modernisation », se contente d'agiter les vieilles lunes de la prévoyance et de la responsabilité individuelles. Elles conduisent à une impasse, sur le plan aussi bien économique que social.

La protection sociale est un ensemble complexe composé d'une grande diversité de dispositifs qu'il est impossible d'examiner en détail dans ce court chapitre ; on se concentrera ici sur la santé, la retraite et les principales aides aux ménages à bas revenus. Par ailleurs, son évolution au cours des trente dernières années n'a été ni linéaire ni à sens unique. Il serait abusif de dire que, dans tous les domaines de la protection sociale, on a assisté à une régression constante des droits. On peut en revanche légitimement parler d'une tendance lourde à la régression.

Ce constat débouche sur la nécessité de renforcer les couvertures de base solidaires, non seulement pour limiter le développement des inégalités, mais aussi pour éviter les gaspillages et les surcoûts qu'engendre la marchandisation croissante de la protection sociale.

LA DYNAMIQUE DES DÉPENSES, LA CONSTRUCTION DU DÉFICIT ET LA DETTE

Dans les médias, la protection sociale continue d'être présentée comme un puits sans fond, et la persistance des besoins de financement (les fameux « déficits ») comme le résultat d'une croissance sans cesse plus forte des dépenses. L'analyse des comptes sociaux dément ce discours. Depuis vingt-cinq ans, la progression des dépenses sociales s'est considérablement ralentie, et la hausse de la part de la protection sociale dans le PIB depuis 1985 s'observe essentiellement durant les périodes de basse conjoncture ou de récession. Ce fut le cas au début des années 1990, puis au début des années 2000 (effondrement de la bulle Internet) et, plus récemment, en 2009. Avant le choc provoqué par la crise financière, la part des dépenses sociales était à peu près stable depuis quinze ans (28,2 % en 2007 contre 27,7 % en 1993) ; elle avait même baissé pour les prestations en espèces.

Les prestations sociales[1] en pour cent du PIB

	1960	1985	1993	2007	2010
Prestations sociales en espèces	11,4	19,1	20,1	19,5	21,5
Prestations sociales en nature	2,8	6,9	7,6	8,7	9,4
Total des prestations sociales	14,3	26,1	27,7	28,2	30,9

Le déficit est donc davantage le résultat d'un manque de recettes que d'une augmentation incontrôlée des dépenses. L'année 2009, qui a vu le besoin de financement de la protection sociale atteindre près de 18 milliards d'euros (contre un excédent de plus de 3 milliards en 2008), est instructive à cet égard : les recettes ont stagné en valeur, mais la hausse des dépenses a été de 4,2 %, soit inférieure à la moyenne de la décennie 2000 (4,5 %)[2].

Avec la croissance des besoins sociaux (hausse du chômage, vieillissement de la population, progrès médical), le dogme libéral selon lequel il ne serait plus possible de dépenser davantage pour la protection sociale a entraîné des difficultés accrues de financement, d'autant que la multiplication des emplois

1. Les données utilisées ici sont celles des comptes nationaux, légèrement différentes de celles des comptes de la protection sociale. Les prestations sociales correspondent soit à des versements en espèces (allocations familiales, pensions de retraite, allocations chômage...), soit à des versements en nature (principalement les remboursements de soins et de médicaments et les allocations logement).
2. Source : DREES, Comptes de la protection sociale 2010.

précaires et la progression du chômage réduisaient les recettes. Les politiques libérales ont transféré aux ménages une part croissante de ce financement *via* notamment les exonérations de cotisations sociales accordées aux employeurs. Cette mesure se traduit par un manque à gagner à la fois direct et indirect : direct pour la part non compensée (environ 10 %) de ces exonérations – le montant cumulé (jusqu'en 2010) de ce manque à gagner est de plus de 40 milliards d'euros, ce qui représente environ 80 % de la dette amortie jusqu'à présent par la CADES[1] –, indirect avec la fiscalisation du financement. Dans le contexte actuel de finances publiques structurellement en déficit, ce transfert creuse encore davantage le déficit public et alourdit la charge de la dette. Par ailleurs, le transfert d'une part croissante du financement de la protection sociale aux ménages a pour effet que ces derniers paient de plus en plus cher une protection sociale en voie de régression, ce qui contribue à miner sa légitimité aux yeux des salariés.

La stigmatisation des dépenses sociales a redoublé avec la crise financière et la mise sur la sellette de la dette publique. Or il faut le répéter : la dette publique est essentiellement (à 80 %) une dette d'État. Les administrations de Sécurité sociale (qui sont pourtant le premier poste de dépense publique) y contribuent pour moins de 10 %. Ce n'est donc pas en sabrant dans les dépenses sociales que l'on réduira la dette publique. L'amalgame entre dette publique et « déficits sociaux » n'a pour but que de faire payer aux salariés

1. La CADES (Caisse d'amortissement de la dette sociale) a été créée en 1996, à la suite du plan Juppé. Elle a pour mission d'amortir la dette résultant des déficits non financés.

– par une baisse de la couverture sociale – les effets de la crise et d'ouvrir de nouveaux marchés aux assurances privées.

LA BAISSE DE LA COUVERTURE SOCIALE

La baisse de la couverture sociale peut s'apprécier à travers différents indicateurs.

Dans le domaine de la santé, avec la hausse du ticket modérateur[1], la multiplication des déremboursements, l'instauration de forfaits et de franchises couplés au développement des dépassements d'honoraires, la prise en charge de la consommation de soins et de biens médicaux par la Sécurité sociale a fortement diminué. Le taux de prise en charge est passé de plus de 80 % à la fin des années 1970 à 75,5 % en 2009, soit un bond en arrière de près de quarante ans[2]. La baisse est encore plus marquée pour les soins ambulatoires, dont l'assurance maladie n'assume plus que 65 % des dépenses en 2009 contre 78 % au milieu des années 1970. Il s'agit là d'une moyenne qui comprend les personnes prises en charge à « 100 % » pour les soins relevant d'une affection de longue durée (ALD), dont la part a augmenté. Pour les patients hors ALD, le taux de remboursement des soins de ville était en 2006 de 55 %, contre 85 % pour ceux relevant d'une ALD[3].

1. Le ticket modérateur représente la partie à charge pour l'assuré après remboursement de l'assurance maladie.
2. Au début des années 1970, le taux de prise en charge de ces soins était de 75 % (source : DREES, Rétropolation des comptes nationaux de la santé).
3. Source : Échantillon permanent des assurés sociaux, IRDES, enquête Santé et Protection sociale.

En matière de retraite, les multiples contre-réformes vont avoir des conséquences considérables sur le niveau des pensions. Les jeunes générations qui partiront en retraite dans trente ou quarante ans – et au nom desquelles ces « réformes » sont prétendument menées – auront des taux de remplacement en baisse de 30 % à 40 % par rapport à ceux de leurs aînés. Car il n'y a pas de miracle : si la proportion de retraités augmente et si la part du PIB qui finance les retraites reste stable, on observe mécaniquement une baisse du niveau de vie des retraités. Un indicateur simple résume le degré de générosité du système de retraite : le rapport entre la dépense moyenne par personne âgée et le revenu moyen par habitant. Après avoir culminé au milieu des années 1980, la générosité du système de retraite français a commencé à diminuer, et cette baisse sera d'environ 50 % en 2050 si les contre-réformes sont maintenues[1].

On peut dresser un constat analogue pour les prestations familiales. La plupart d'entre elles sont indexées sur la Base mensuelle des allocations familiales (BMAF), dont le niveau, en pouvoir d'achat, est le même en 2008 qu'en 1977. Ces prestations ont donc considérablement décroché de l'évolution générale du niveau de vie, tout comme les différentes garanties minimales de revenu (les minima sociaux), dont la majeure partie ont suivi l'évolution des prix depuis 1984 alors que le niveau de vie médian a progressé de plus de 36 % entre 1984 et 2009.

Dans le domaine du logement, le diagnostic est plus complexe en raison de l'opacité des formules des

1. Pierre Concialdi, « Où va la protection sociale ? », *Interrogations ?*, n° 12, juin 2011.

barèmes. D'un côté, depuis 1984, le montant moyen par locataire aidé a augmenté un peu moins vite que les loyers (le ratio aide/ loyer a diminué de 5 %). De l'autre, le taux de couverture (proportion de locataires percevant une aide au logement) est passé de 36 % en 1984 à 57 % en 1998, avant de redescendre à 52 % environ en 2007. Pour les 25 % de ménages les plus pauvres, ce taux a chuté, entre 2002 et 2006, de 75,2 % à 69,9 % pour les locataires du secteur libre et de 85,1 % à 80,7 % pour les locataires du secteur social. Le désengagement de l'État est plus net, en dehors du strict champ de la protection sociale, dans les politiques publiques de logement. Alors que la pénurie de logements reste criante[1], la contribution de l'État au financement du logement social s'effondre, passant de 630 millions d'euros à 160 millions entre 2010 et 2011. Avec l'ouverture des PTZ (prêts à taux zéro) à tous les ménages, il s'agit de promouvoir la France des propriétaires aisés, qui se voient offrir – avec des effets d'aubaine évidents – le bénéfice d'une aide auparavant réservée aux ménages modestes. De même, les dépenses fiscales visant à favoriser l'investissement locatif privé sans contrepartie sociale demeurent considérables (670 millions d'euros), bien supérieures à la contribution de l'État au financement du logement social.

Dans le domaine de l'indemnisation du chômage, enfin, on a assisté à une fragmentation des droits, notamment après la séparation, en 1984, entre un régime d'assurance et un régime de solidarité. Conséquence : depuis cette date, le wagon de la solidarité

1. Selon la Fondation Abbé Pierre, il manquerait aujourd'hui environ 900 000 logements.

a décroché de manière très nette. L'indemnisation moyenne dans le régime de solidarité représente aujourd'hui moins de 40 % de l'allocation moyenne d'assurance, contre plus de 60 % en 1985. La proportion de chômeurs indemnisés a subi de fortes fluctuations au gré des conventions, chutant brutalement après la mise en place de l'allocation unique dégressive en 1992, puis augmentant après la mise en œuvre de la convention de 2001. Elle a de nouveau fortement baissé à partir du début de 2004, et cette baisse s'est accélérée au cours des deux dernières années[1].

En résumé, les aides aux ménages pauvres sont devenues de plus en plus de pauvres aides.

MARCHANDISATION ET INDIVIDUALISATION DE LA PROTECTION SOCIALE

Une façon simple de limiter la dépense sociale publique est de laisser les individus *libres* de s'assurer eux-mêmes pour leurs risques sociaux. C'est la stratégie poursuivie en matière de santé et de retraite, deux domaines qui, avec 80 % des dépenses, représentent les poids lourds de la protection sociale. Ce sont aussi des domaines où il existe un vaste espace potentiel de profit pour les opérateurs privés.

En matière de santé, le retrait de l'assurance publique ouvre un champ à l'assurance complémentaire, dont le poids total dans la prise en charge du

1. En juillet 2011, la proportion de chômeurs indemnisés était de 58,5 %, contre 60,8 % en mai 2009 et 64 % au printemps 2004 (moyennes mobiles sur douze mois).

soin augmente chaque année, particulièrement en ce qui concerne les soins ambulatoires et le médicament. Cette marchandisation se traduit par l'augmentation du chiffre d'affaires de l'assurance complémentaire, lequel a augmenté de plus de 65 % entre 2001 et 2008 (il a plus que doublé pour les assureurs non mutualistes).

Outre le développement des assurances marchandes, les acteurs privés à but lucratif recueillent une part de plus en plus grande des financements de la protection sociale. Entre 2002 et 2007, le chiffre d'affaires des cliniques privées a augmenté de 42,2 %, soit bien plus vite que l'ensemble des prestations maladie (+26,6 %). Quant aux dépenses de médicaments, qui déterminent l'activité des groupes pharmaceutiques, elles contribuent systématiquement, chaque année depuis 1997, pour plus d'un tiers à la croissance en volume de la consommation de soins et de biens médicaux (CSBM). Au cours des cinq dernières années (entre 2005 et 2010), elles ont augmenté de 28,6 %, alors que la CSBM augmentait de 15,6 %[1].

Le discours catastrophiste sur l'avenir des retraites favorise le développement des produits de retraite supplémentaire facultative. Ce marché a drainé, en 2009, 13,2 milliards d'euros, ce qui représente 5,4 % des cotisations versées aux régimes obligatoires de retraite. Le volume reste relativement faible, mais il est en rapide augmentation (+10 % par an entre 2006 et 2009), et il est probable que cette tendance se maintienne, notamment dans les jeunes générations, du fait de l'incertitude qui continue de planer autour du financement des retraites. De fait, à un âge donné,

1. Source : Comptes de la santé.

la détention de produits d'épargne longue pour un motif de retraite augmente de façon significative au fil des générations.

Le développement d'un vaste espace de libre prévoyance s'accompagne d'une individualisation des protections qui déconnecte les individus des solidarités collectives. Il en va ainsi de la protection contre le chômage ou des dispositifs de lutte contre la pauvreté, qui tendent à rendre les bénéficiaires responsables de leur sort. Avec les politiques d'activation, les chômeurs subissent des contrôles de plus en plus stricts qui se traduisent par une envolée du nombre de radiations (depuis le milieu des années 1990, le risque de radiation a été multiplié par 5[1]). Désormais, les chômeurs ne peuvent plus refuser plus de deux offres d'emploi « raisonnables » sous peine de se voir supprimer les allocations pendant deux mois ; ils sont ainsi amenés à accepter des emplois précaires qui ne sont pas de véritables emplois. Les personnes souhaitant percevoir le RSA et ayant moins de 500 euros de revenus d'activité par mois sont contraintes de s'inscrire à Pôle Emploi et sont également soumises à ce contrôle renforcé. Cette politique de stigmatisation des chômeurs s'accompagne d'une réforme des mécanismes de placement et d'accompagnement vers l'emploi. Pour remplir cette mission, les opérateurs privés ont été appelés en renfort par les pouvoirs publics. Les salariés titulaires de contrats à durée indéterminée (CDI) sont pointés du doigt comme responsables du chômage. Le fait qu'ils soient protégés contre le licenciement

1. « Les flux d'entrée et de sortie du chômage », note ACDC, n° 8, septembre 2011 : http://acdc2007.free.fr/acdc8.pdf.

serait la cause du nombre réduit d'embauches, et par là même du chômage. Depuis 2006, les gouvernements successifs cherchent à affaiblir le CDI par divers moyens – contrat nouvelle embauche, contrat première embauche, rupture conventionnelle... – sans toujours y parvenir du fait des résistances des salariés et des jeunes. Les travailleurs sont exhortés à cultiver leur « employabilité » dans des systèmes de « flexicurité » plutôt qu'à activer le droit du licenciement pour se maintenir en emploi.

LES IMPASSES DES POLITIQUES NÉOLIBÉRALES

Comme dans bien d'autres domaines, les politiques néolibérales conduisent à des impasses. Elles sont socialement profondément injustes et redoutablement inefficaces d'un point de vue économique. Elles structurent par ailleurs un marché du travail de plus en plus segmenté et émietté, organisant la nécessaire réduction du temps de travail sous sa forme la plus violente et la plus inégalitaire : le chômage et le sous-emploi.

Des conséquences sociales désastreuses

Le déremboursement des soins de santé augmente le coût pour les assurés et cette barrière financière constitue un frein majeur à l'accès aux soins, notamment pour les ménages les plus pauvres. La charge est en effet sélective : le « taux d'effort » est plus élevé pour les déciles de revenus les plus faibles. En outre, le transfert vers les complémentaires est foncièrement inégalitaire, car les couvertures complémentaires sont très inégalement distribuées. L'accès à une bonne couverture est lié à la position dans l'emploi[1].

Dans ce contexte de désocialisation, la CMU complémentaire (CMUC[2]) a représenté une avancée. Le taux de renoncement aux soins a baissé de façon significative entre 2000 et 2002, et davantage pour les bénéficiaires de la CMU que pour les autres assurés. Cependant, cet écart ne s'est pas réduit depuis et le taux de renoncement aux soins a recommencé à augmenter pour tous, retrouvant son niveau de l'année 2000. D'après une récente enquête, plus d'un tiers des bénéficiaires de la CMU (36,6 %) avaient renoncé à des soins pour des raisons financières au cours des douze mois précédents. Cette réforme a aussi peiné à réaliser son objectif essentiel – rendre effectif l'accès aux soins –, engendrant de nouvelles inégalités. Les bénéficiaires de la CMU se heurtent en effet au refus de soins de certains médecins. Quant aux personnes qui se trouvent au-dessus du seuil de gratuité de la CMUC (647 euros en 2011), elles sont victimes d'effets de seuil qui s'expriment avec violence. L'existence de la CMUC, en protégeant les plus pauvres, légitime ainsi la multiplication des mesures de déremboursement à l'encontre des autres, y compris les « un peu moins pauvres », comme les bénéficiaires de l'AAH – allocation adulte handicapé – ou du minimum vieillesse, ou encore les 7 % de

1. Voir les notes 14 et 16 de l'Institut européen du salariat sur son site : http://www.ies-salariat.org/.

2. La CMU de base donne accès à l'assurance maladie soit gratuitement (si les ressources sont inférieures à un certain plafond), soit à travers le paiement d'une cotisation. La CMU complémentaire (CMUC) permet d'accéder gratuitement à une couverture complémentaire.

la population qui demeurent sans assurance complémentaire.

La création d'une aide à l'acquisition d'une complémentaire pour des individus au seuil CMU +26 % ne permet pas de remédier à ces difficultés : le dispositif implique des démarches administratives lourdes, et finalement l'on demande beaucoup à ceux qui ont le moins pour acquérir une complémentaire bas de gamme. On observe un phénomène important de non-recours au dispositif, qui n'est pas seulement imputable à un manque d'information, mais aussi à la stigmatisation dont les bénéficiaires potentiels peuvent souffrir dans un contexte d'activation de la responsabilité individuelle. La CMUC n'est donc pas une réponse suffisante à la rétractation de la Sécurité sociale.

La création d'un « bouclier sanitaire » (plafond de dépenses) pour lutter contre le gonflement des restes à charge pour certains patients n'est pas non plus une solution adaptée, et ce pour plusieurs raisons : le bouclier sanitaire pénaliserait les malades en ALD, favoriserait encore plus le développement de l'assurance privée et, enfin, serait inefficace pour éradiquer les dépassements d'honoraires, en ville comme à l'hôpital. Or non seulement ces dépassements sont l'une des principales causes des inégalités d'accès aux soins, mais ils mettent en échec le socle fondateur de l'assurance maladie : fixer un seul prix à une même prestation. Ce n'est plus le cas aujourd'hui quand les médecins sont autorisés à déconnecter leurs honoraires du tarif de la Sécurité sociale.

La politique de « rationalisation » de l'hôpital public a elle aussi montré ses limites. L'idée selon laquelle la gestion de la santé publique pourrait être améliorée et devenir moins coûteuse grâce à l'importation des mécanismes de marché (la concurrence par les prix) est démentie par les faits et par les expériences étrangères. L'introduction de ces mécanismes conduit, comme on pouvait s'y attendre, à une hausse des profits et à un accroissement des inégalités. Elle permet aux entreprises privées de sélectionner les risques, alors que cette option est interdite au système hospitalier public. Les « mauvais risques » font la queue à l'hôpital public, tandis que les « bons risques » (c'est-à-dire ceux qui ont les moyens de payer) vont se soigner au prix fort dans le secteur privé.

La diminution des pensions de retraite fait naître le danger de voir resurgir la pauvreté parmi les personnes âgées. Ces effets sont déjà visibles pour les personnes de 70 ans et plus, dont le taux de pauvreté (à 60 % du revenu médian) est passé de 9,4 % en 2004 à 11,4 % en 2008, soit le plus élevé depuis quinze ans. Sur une période plus longue, entre 1996 et 2008, le taux de pauvreté pour les personnes de moins de 70 ans a baissé d'environ deux points (de 15,1 % à 13,2 %), alors qu'il a augmenté (passant de 9,5 % à 11,4 %) pour les 70 ans et plus[1]. La chute programmée des taux de remplacement (rapport entre la première pension et le dernier salaire) encourage le développement du marché de l'épargne retraite, foncièrement inégalitaire. La garantie d'une retraite décente passe ainsi de plus en plus par la sécurité-propriété, en déconnectant la retraite du salariat.

Les mêmes tendances formatent le débat sur la « dépendance ». Si l'idée de solvabiliser la perte d'autonomie semble acquise, les moyens d'y parvenir

1. *INSEE Résultats*, n° 118, janvier 2011.

reflètent des conceptions différentes de la protection sociale. Avec une retraite moyenne de moins de 1 200 euros par mois et des frais d'hébergement en institution de l'ordre de 3 000 euros, on comprend l'enjeu du débat et la tentation de promouvoir un marché de l'assurance privée pour le risque de dépendance, en complément des structures de financement public. Ceux qui ne seraient pas suffisamment assurés bénéficieraient, à certaines conditions, de la générosité publique, et l'administration pourrait ensuite récupérer les sommes engagées par un recours en succession (sur le patrimoine du défunt). Les transmissions de petits patrimoines seraient alors amenées à disparaître.

Enfin, le délitement des aides aux ménages les plus précaires conduit à des situations de plus en plus intenables, qui se traduisent notamment par les difficultés accrues de logement. Avec, d'un côté, l'envolée des loyers et des prix de l'immobilier et, de l'autre, des revenus qui progressent bien moins vite que la moyenne, ces ménages sont pris dans un étau. Le taux d'effort (part des dépenses contraintes de logement dans les ressources) des 30 % de ménages aux plus bas revenus a doublé entre 1979 et 2005, atteignant aujourd'hui près de 50 %[1]. Cela rend ces ménages de plus en plus vulnérables au moindre « accident » (perte d'emploi, maladie, rupture familiale).

1. Pour les ménages du premier décile, ce taux d'effort est passé de 24 % en 1979 à 48 % en 2005. Pour les ménages des déciles 2 et 3, il est passé de 22 % à 46 % sur la même période. Source : *L'État du mal-logement en France*, 16e rapport de la Fondation Abbé Pierre, p. 34.

Les coûts cachés des politiques néolibérales

Les réformes néolibérales brandissent souvent le slogan selon lequel « il ne faut pas dépenser plus, mais dépenser mieux ». Avec la marchandisation de la protection sociale, c'est exactement l'inverse qui se produit, tant pour les retraites que pour la santé.

Le recours aux assurances privées est en effet bien plus coûteux que l'assurance sociale. Les frais de gestion des assurances sociales sont minimes, de l'ordre de 4 %. Cela signifie que, sur 100 euros versés, les assurés en récupèrent 96. Les assurances marchandes sont bien moins performantes : leurs « coûts de gestion » – qui incluent également les profits lorsqu'il s'agit d'organisations à but lucratif – dépassent 20 %. L'expérience des pays étrangers ayant favorisé le développement de produits capitalisés individuels montre que ces coûts peuvent être encore plus élevés : au Royaume-Uni, les études ont révélé qu'ils absorbaient jusqu'à un tiers de la performance des placements.

À ces coûts privés, supportés par les salariés, s'ajoutent des coûts publics, tout aussi importants. Les dispositifs facultatifs engendrent une charge importante pour les finances publiques dans la mesure où ils bénéficient toujours, sous une forme ou sous une autre, d'avantages fiscaux. Le poids de ces dépenses fiscales varie de 1 % à 3 % du PIB selon les pays. Au Royaume-Uni, elles représenteraient, selon les estimations officielles, l'équivalent de 40 % des dépenses publiques de retraite. Par ailleurs, en encourageant le développement des produits de capitalisation, qui sont pilotés par les assurances, les banques ou les entreprises, l'épargne retraite risque de favoriser encore davantage la spéculation financière et ses coûts économiques et sociaux.

La pression sur les dépenses sociales se traduit par l'introduction de mécanismes de marché qui, sous couvert de rationalisation, modifient profondément le service public rendu aux bénéficiaires, transformant la fourniture de prestations en une simple marchandise. L'hôpital est un exemple éloquent de ce processus. La marchandisation qui s'y opère ne passe pas par un transfert d'activité de l'assurance publique vers l'assurance privée, puisque les remboursements de la Sécurité sociale restent élevés à l'hôpital. C'est le service lui-même qui change, particulièrement au sein de l'hôpital public, où les personnels sont invités à adopter les comportements et les représentations de l'entreprise privée. Deux réformes récentes participent de ce mouvement : la *corporatization* et la transformation du mode de financement. Depuis quelques années, la novlangue gestionnaire promeut la *corporatization* des établissements publics de santé (littéralement : leur transformation en entreprises). Dans cette perspective, les services sont regroupés en pôles et leurs responsables sont incités à négocier les financements avec les directions. Parallèlement s'opère le passage d'un financement par enveloppe globale à une tarification à l'activité : désormais, l'hôpital reçoit ses financements en fonction de son activité dans chaque groupe homogène de malades (GHM)[1] et du prix par GHM que fixe le ministère de la Santé. Les établissements sont incités à aligner leurs coûts et à développer

1. Les GHM rassemblent des malades jugés comparables en termes de pathologie et de procédures thérapeutiques et ayant une consommation de ressources équivalente.

leurs activités de manière sélective, en privilégiant les GHM pour lesquels ils sont le plus rentables. Cette méthode, dite de concurrence par comparaison, introduit la logique de marché au cœur du service public.

Ces évolutions visent à conduire les personnels à abandonner la culture de service public. La qualité des soins n'est plus envisagée que sous l'angle d'une standardisation nécessaire à leur régulation par le marché et à leur production industrielle. Dans de nombreux cas, pourtant, l'adaptation aux spécificités du patient est essentielle à la délivrance de soins de qualité, et la standardisation (par exemple la recherche des temps d'attente et de passage aux urgences les plus courts possible) a des effets contre-productifs (par exemple des patients mal soignés qui reviennent avec des pathologies plus graves et plus coûteuses à traiter)[1].

Dans le domaine de la médecine ambulatoire, le défaut croissant de couverture prive ceux qui en ont le plus besoin de l'accès aux soins, ce qui a pour conséquence l'aggravation de leur état de santé. En effet, les populations les plus fragiles et dont l'état de santé est le plus détérioré sont celles qui souffrent le plus du défaut de couverture complémentaire maladie organisé par les pouvoirs publics. Le développement de pathologies plus aiguës finit bien souvent par conduire les malades à l'hôpital, dans des situations d'urgence beaucoup plus coûteuses pour la collectivité. À tout point de vue, il vaut mieux prévenir que guérir, surtout dans ces situations extrêmes.

1. Nicolas Belorgey, *L'Hôpital sous pression. Enquête sur le « nouveau management public »*, Paris, La Découverte, 2010.

LA PROTECTION SOCIALE DE PLUS EN PLUS À CONTRE-EMPLOI

Historiquement, la protection sociale s'est construite pour apporter des protections supplémentaires aux salariés. Ces compléments de salaire favorisaient la construction d'un statut qui protégeait ces derniers des rigueurs de la logique marchande. Depuis trente ans, les transformations apportées au système de protection sociale, notamment pour les dispositifs les plus directement liés à l'emploi, engagent le mouvement inverse. Avec le développement des possibilités de cumul entre prestations et salaire, les prestations sociales risquent de plus en plus de devenir un substitut au salaire et de favoriser la dégradation des normes d'emploi et de salaire. Plusieurs exemples permettent d'illustrer cette tendance.

Depuis le milieu des années 1990, les possibilités de cumul entre allocations de chômage et salaire ont été étendues. Conséquence : de plus en plus de demandeurs d'emploi exercent une « activité réduite »… tout en restant inscrits sur les listes parce qu'ils sont insatisfaits de leur emploi. Le nombre de ces « chômeurs-travailleurs » a considérablement augmenté ces vingt dernières années. Plus d'un tiers des demandeurs d'emploi se trouvent aujourd'hui dans cette situation, contre moins de 10 % au début des années 1990.

Depuis 2009, les possibilités de cumuler pension de retraite et salaire ont elles aussi été considérablement assouplies. Or, comme les droits à retraite ne vont cesser de diminuer, les retraités qui auront de trop faibles pensions vont être poussés à accepter des petits boulots pour compléter leurs trop maigres ressources. Cela risque d'engendrer davantage de concurrence entre salariés et, aussi, de pénaliser l'emploi des jeunes[1]. Le recul de l'âge de la retraite à 62 ans va encore accentuer cette tendance. Les salariés qui pourront se maintenir en activité le feront afin d'accéder à une pension à « taux plein », et les autres iront grossir les rangs des chômeurs.

Enfin, la multiplication des subventions aux bas salaires favorise l'émergence de normes d'emploi dégradées et de plus en plus émiettées, à rebours du mouvement qui avait, après la Seconde Guerre mondiale, contribué à la (lente) construction du statut salarial. Que ces subventions soient directes (versées aux salariés *via* la prime pour l'emploi ou le RSA) ou indirectes (versées aux employeurs *via* les exonérations de cotisations sociales sur les « bas salaires »), elles ont toutes le même effet délétère sur le marché du travail en favorisant le développement de « trappes à bas salaires ».

Avec ces différentes mesures, on assiste en définitive à la consolidation de la version néolibérale de la réduction du temps de travail. Car le chômage, le sous-emploi, les petits boulots précaires constituent des formes individualisées, violentes et bien réelles de réduction du temps de travail. Contrairement aux anathèmes que lancent les libéraux contre cette réduction, ils n'y sont donc pas opposés – à condition qu'elle s'organise sous des formes qui préservent les intérêts des employeurs au détriment des salariés et maintiennent un rapport de forces défavorable à ces derniers.

1. Déjà, à la suite des « réformes » passées, on observe que le taux d'emploi des 15-24 ans a baissé (de 29 % à 26,9 % entre le début de 2003 et le début de 2009), alors que celui de 55-64 ans a augmenté (de 32,8 % à 36,4 % sur la même période).

CONCLUSION ET PROPOSITIONS

Le diagnostic peut se résumer simplement. Les politiques menées depuis près de trente ans ont conduit à une rétractation de la couverture sociale. Les tentatives pour y remédier (avec la création du RMI, puis du RSA, ou l'instauration de la CMU) ont montré leurs limites et, aussi, leurs effets pervers. La seule réponse pertinente à cette dégradation est le relèvement des garanties minimales à travers la mise en place d'une protection sociale solidaire et non marchande.

Cela concerne bien sûr au premier chef les multiples garanties minimales de revenus (les minima sociaux), mais aussi le Smic. Le niveau des minima sociaux en France est parmi les plus faibles des pays européens, et le seuil d'âge pour accéder au RSA reste très élevé. Par ailleurs, contrairement à une idée répandue, le Smic est loin d'être « trop élevé ». Comparé à la productivité moyenne du travail (ce que produit en moyenne un salarié), son niveau n'a jamais été aussi bas depuis... soixante ans, que ce soit en termes de salaire net ou de coût total[1]. Il existe donc des marges substantielles pour relever le Smic. Ce relèvement en niveau du socle minimal doit s'accompagner, plus généralement, d'une indexation des prestations sociales sur l'évolution générale du niveau de vie.

La consolidation des couvertures de base concerne aussi la santé et la retraite. Il est nécessaire d'améliorer le remboursement de la Sécurité sociale et de rendre géographiquement et financièrement effectif l'accès aux soins. Quant au niveau des pensions, là

1. IRES, *La France du travail*, Paris, Éditions de l'Atelier, 2009, chapitre 2.

encore c'est l'amélioration de la couverture de base qui est à l'ordre du jour, par exemple par le relèvement du taux de la pension de base et la réintroduction de mécanismes d'indexation adossés à l'évolution des salaires. Cette amélioration est nécessaire non seulement pour mieux couvrir les catégories les plus défavorisées, mais aussi pour éviter de dépenser davantage pour une prévoyance individuelle bien plus coûteuse que la protection sociale.

Une telle ambition passe par la réhabilitation de la notion de service public, qui doit animer la protection sociale. S'il convient d'être vigilant quant à l'utilisation de l'argent public, force est de reconnaître que réencastrer la protection sociale dans l'ordre marchand ne peut être que destructeur. Ainsi, la dégradation de la santé en marchandise n'est pas compatible avec la spécificité du service rendu. Non seulement cette stratégie néolibérale est très inégalitaire, mais elle est inefficace, puisqu'elle pénalise d'abord ceux qui ont le plus besoin de soins et dégrade considérablement la qualité du travail de ceux qui sont en charge de les donner. C'est le cas à l'hôpital public, où l'alignement forcé sur le secteur privé est vécu comme une injonction à mal faire son métier, en abandonnant les valeurs de solidarité et d'équité qui font la spécificité et la fierté de la profession de soignant.

Le champ du service public devrait être étendu à des questions de plus en plus urgentes, comme la prise en charge de la dépendance ou le logement, afin de proposer une offre publique de qualité à la hauteur des besoins sociaux. Dans le domaine du logement, des mesures immédiates, comme le gel, voire la baisse des loyers excessifs, sont aussi nécessaires.

Enfin, ces changements doivent être accompagnés d'une véritable politique de plein emploi qui ne soit pas fondée sur des emplois au rabais. La précarisation de l'emploi a miné les fondements de notre système de protection sociale, favorisant l'émergence de dispositifs *ad hoc* qui ont, en retour, contribué à affaiblir encore davantage les normes d'emploi. Seule une politique volontariste de création d'emplois et de réduction collective du temps de travail peut permettre de briser ce cercle vicieux.

PROPOSITION N° 1 : Augmenter les garanties minimales et améliorer les couvertures de base (remboursement de soins, taux de remplacement) à travers une protection sociale solidaire et non marchande.

PROPOSITION N° 2 : Réhabiliter la notion de service public et étendre son champ à la dépendance et au loge ment.

PROPOSITION N° 3 : Assurer son financement à travers une hausse des ressources obtenue en particulier par une politique de plein emploi de qualité, qui se fonderait notamment sur la réduction collective du temps de travail.

7

ENTREPRISES : SORTIR DE LA FINANCIARISATION

Benjamin Coriat, Thomas Coutrot, Roland Pérez et Olivier Weinstein[1]

Les discussions sur la crise et les conditions pour en sortir se sont focalisées pour l'essentiel sur le système financier et les réformes à y introduire. Or la financiarisation de l'économie s'est aussi traduite par des transformations profondes des structures et des modes de fonctionnement des entreprises industrielles, qui participent de l'instabilité générale du système. Elles ont eu des conséquences majeures – et souvent désastreuses – sur l'évolution de nos économies : inégalités croissantes, instabilité et insécurité, désindustrialisation. Ces transformations ont concerné aussi bien ce qu'il est convenu d'appeler la « gouvernance » des entreprises – l'ensemble des règles et des normes censées régir le comportement des dirigeants d'entreprise – que les *modes d'organisation et de gestion*.

La grande société par actions (la *corporation*, dans la terminologie américaine) est depuis le XIXe siècle l'institution centrale du capitalisme moderne, le cœur des systèmes productifs[2]. Jusqu'à la fin des années

1. Les auteurs tiennent à remercier tout particulièrement Antoine Rebérioux pour ses contributions à ce chapitre et Christopher Lantenois pour les calculs présentés dans les graphiques.

2. Sur l'analyse des caractères de la grande entreprise managériale puis de sa décomposition à partir des années 1980, on pourra se reporter à Olivier Weinstein, *Pouvoir, Finance et Connaissance.*

1970, elle a été marquée par une forme dominante, la grande entreprise souvent qualifiée de *managériale*, qui se caractérise par quelques traits principaux :

• le regroupement d'unités et d'activités multiples *fortement intégrées* dans une structure hiérarchique ;

• un mode spécifique d'organisation et de gestion du travail fondé sur un contrôle administratif, avec un fort degré d'intégration des salariés dans l'entreprise ;

• un *mode de gouvernance spécifique*, marqué par un fort pouvoir managérial dans un contexte où la séparation entre la propriété du capital (détenue par les actionnaires) et le « contrôle », c'est-à-dire la gestion de l'entreprise, était consommée[1]. Ce mode de gouvernance était marqué par une *forte autonomie des dirigeants à l'égard des actionnaires* et – trait non moins important – une gestion tournée de manière privilégiée vers la *croissance* de l'entreprise.

C'est dans les décennies qui ont suivi la Seconde Guerre mondiale que cette entreprise « managériale » a acquis sa forme achevée comme composante centrale des systèmes de production « fordistes », et ce dans le cadre d'économies où l'action publique jouait un rôle central dans la croissance. Cette organisation de l'économie s'accompagnait d'une certaine vision de l'entreprise, conçue comme « institution sociale » et entité propre. Les managers se devaient d'être *au service de l'entreprise* (et, par là, d'effectuer dans une

Les transformations de l'entreprise capitaliste entre XXe et XXIe siècle, Paris, La Découverte, 2010.

1. Comme l'ont très bien montré Adolf Berle et Gardiner Means dans leur célèbre ouvrage *The Modern Corporation and Private Property* (1932).

certaine mesure des compromis entre les diverses parties qui la composaient).

C'est ce système qui a été détruit, à partir des années 1980, à travers la financiarisation des entreprises et le passage du capitalisme managérial à un capitalisme financiarisé, permis et soutenu par les politiques de déréglementation appuyées sur les idéologies néolibérales montantes.

Dans une première section, nous présentons les grands traits de la financiarisation de la grande *corporation* et les conditions dans lesquelles la finance et ses acteurs ont établi des modes de gouvernance conformes à leurs objectifs et à leurs intérêts.

Dans une seconde section, nous indiquons quelques pistes qui permettraient de rompre avec cette forme de gouvernance pour restituer à l'entreprise sa dimension d'institution assumant une double responsabilité : sociale et environnementale.

LA RENAISSANCE DU CAPITALISME FINANCIER ET LA MONTÉE DE LA CONCEPTION ACTIONNARIALE DE L'ENTREPRISE

Pour comprendre ce qui s'est passé, il faut convoquer une conjonction de facteurs qui ont permis le développement du pouvoir de la finance et la progression jusqu'à l'hégémonie d'une nouvelle idéologie de l'entreprise centrée sur la notion de « valeur actionnariale ».

L'émergence de nouveaux acteurs financiers

Le premier facteur majeur de transformation du capitalisme a été la concentration croissante des actions entre les mains d'investisseurs spécialisés, les fameux « investisseurs institutionnels ». Ainsi, aux États-Unis, ils détiennent 10 % des actions cotées en 1970, 60 % en 2006. En Europe, et tout particulièrement en France à la suite des privatisations puis du « débouclage » des noyaux durs institués sous Balladur, les investisseurs institutionnels étrangers, notamment anglo-saxons, vont également détenir une fraction croissante des actions des grandes sociétés[1]. Fin 2007, les non-résidents détenaient ainsi près de la moitié (46,7 %) de la capitalisation boursière des sociétés françaises, contre 37,4 % en 2001[2].

Le poids croissant de ces acteurs financiers dans l'économie et les transformations de leurs méthodes

1. L'histoire des privatisations en France, et notamment l'épisode du débouclage des « noyaux durs » ayant entraîné l'entrée en masse des investisseurs institutionnels non résidents dans les grandes entreprises du CAC 40, est reconstituée dans Benjamin Coriat, « ÞL'installation de la finance en France. Genèse, formes spécifiques et impacts sur l'industrie », *Revue de la régulation. Capitalisme, institutions, pouvoirs*, n° 3/4, 2008, disponible en ligne sur le site de la revue.
2. Voir Christopher Lantenois et Benjamin Coriat, « Investisseurs institutionnels non résidents, corporate governance et stratégies d'entreprise. Évaluation et analyse à partir d'un panel de firmes françaises et allemandes (1999-2007) », Revue d'économie industrielle, 2011 (calculs propres des auteurs à partir d'un panel de 40 sociétés françaises, toutes cotées au CAC 40 au 31 décembre 2007).

de gestion vont conduire à un nouvel activisme actionnarial débouchant sur de nouvelles conceptions en matière de gestion des entreprises. Cet activisme peut prendre diverses formes : pressions auprès des dirigeants pour obtenir des taux de rentabilité élevés, de l'ordre de 15 à 20 %[1], pressions pour imposer de nouvelles normes de gouvernance d'entreprise – par exemple en ce qui concerne la composition des conseils d'administration – ou encore – comme dans le cas extrême des firmes de *private equity*[2] – intervention directe dans la gestion de l'entreprise.

UNE NOUVELLE CONCEPTION DE L'ENTREPRISE

Avec en toile de fond la montée des idées néolibérales, la réaffirmation de la prééminence du marché et la critique de toutes les formes d'intervention publique, la nouvelle conception de l'entreprise va se construire autour de l'idéologie du primat de l'actionnaire[3]. Ses deux principes directeurs sont les suivants :

1. Comme montré *ibid.*, l'objectif d'un ROE à 15 % exigé par les investisseurs institutionnels a été recherché, atteint et dépassé par les grandes entreprises du Dax et du CAC 40.
2. Les fonds de *private equity* (dits aussi « de capital-investissement ») se caractérisent par le fait que, en général, ils prennent la majorité des parts d'une entreprise pour s'assurer un contrôle total ; de plus, lorsque l'entreprise est cotée sur un marché réglementé, ils la retirent de ce marché pour pouvoir opérer sans avoir à rendre de comptes.
3. Sur la genèse et les traits de la gouvernance actionnariale, on ne peut que renvoyer à Michel Aglietta et Antoine Rebérioux, *Dérives du capitalisme financier*, Paris, Albin Michel, 2004. Voir

1. l'entreprise doit être gérée *en fonction des intérêts des actionnaires, et d'eux seuls* ;

2. la gestion doit se focaliser sur un objectif unique : la « valeur actionnariale » – ce qui, il faut le noter, ne signifie pas le profit *de l'entreprise*, mais le profit *des actionnaires* (par le jeu à la fois des versements de dividendes et des plus-values boursières).

Cela se traduit par de nouvelles règles de gouvernance et de nouveaux principes de gestion. Les normes du gouvernement d'entreprise seront codifiées dans une multitude de textes[1] qui vont progressivement les imposer comme indépassables. Les plus fréquentes sont :

• une transformation des modes d'évaluation des performances de l'entreprise construite autour de l'EVA[2], qui privilégie la performance des titres (plutôt que la croissance) ;

• des normes de composition du conseil d'administration qui ont pour effet de promouvoir une proportion croissante d'administrateurs réputés « indépendants », mais en pratique souvent désignés sur la forte recommandation des actionnaires ;

• des exigences de « transparence » appuyées sur des obligations d'information, mais une information

également Roland Pérez, « La gouvernance d'entreprise : évolution et débats récents », *in* « Le capitalisme : mutations et diversités », *Cahiers français*, n° 349, La Documentation française, mars-avril 2009.

1. Voir par exemple Thomas Coutrot et Antoine Rebérioux, « Gouvernance d'entreprise : quels pouvoirs pour quelles finalités ? », document de travail, 2005.

2. Sur l'EVA, voir Frédéric Lordon, « La "création de valeur" comme rhétorique et comme pratique. Généalogie et sociologie de la "valeur actionnariale" », *L'Année de la régulation*, vol. 4, 2000.

La transformation des systèmes de production

Les tendances générales sont connues. Deux d'entre elles doivent être rappelées :

- le « recentrage » de l'entreprise sur quelques métiers de base considérés comme les plus lucratifs[1] ;
- la désintégration verticale à travers le recours de plus en plus massif à l'externalisation par la sous-traitance.

Il s'agit dans tous les cas de centrer l'entreprise sur les segments les plus « performants » et de réduire les actifs engagés afin d'accroître les performances *financières*. Est visée au premier chef l'externalisation des fabrications, mais aucun des actifs de l'entreprise n'échappe à cette logique. Ainsi est-il devenu courant de procéder à la vente des bâtiments de l'entreprise (afin de mobiliser du *cash* et de réaliser des plus-values latentes), qui seront ensuite loués. Cette logique, qui prévaut depuis près de trente ans, a eu des effets radicaux sur les systèmes productifs nationaux, à savoir la désindustrialisation progressive et – suite logique des pratiques d'externalisation – le développement des délocalisations dans les pays à bas salaires.

Ajoutons un point important : cette logique de fractionnement et de recomposition continue de l'entreprise par des opérations de fusion, d'acquisition et de cession va s'exprimer dans des montages juridiques complexes permettant la dilution des responsabilités,

1. On trouvera dans Christopher Lantenois et Benjamin Coriat (art. cité) des données quantitatives sur les cessions d'activités auxquelles ont procédé les grands groupes pour se concentrer sur un nombre restreint d'activités.

ainsi que dans des manipulations comptables et financières telles celles qui ont été mises en lumière à l'occasion des grands scandales de ces dernières années.

Les nouveaux modes de gestion du travail

Ces nouveaux modes sont étroitement liés au mouvement de « décomposition » de la grande entreprise intégrée.

Sous l'étendard de la recherche de la « flexibilité » et de la mobilité, on a assisté à un véritable éclatement de l'entreprise comme collectif de travail : apparition d'une nébuleuse d'entités juridiquement indépendantes, multiplication des statuts des salariés, distance croissante entre les différentes composantes de l'entreprise et entre les différentes catégories de salariés et de managers. Le tout s'accompagne d'une diversification des modes de rémunération qui va alimenter la montée des inégalités.

Cette dislocation des collectifs de travail va s'exprimer de la manière la plus extrême à travers la mise en place puis la banalisation des « licenciements boursiers » : la recherche de la valeur actionnariale fait de la réduction des coûts salariaux un instrument quasi permanent de gestion de l'entreprise. Les licenciements boursiers sont ainsi souvent pratiqués au sein de firmes profitables, dans le seul but d'augmenter encore les niveaux de rentabilité présents et à venir exigés par les actionnaires.

De nouvelles conditions de répartition de la valeur

La dernière dimension de l'entreprise financiarisée n'est pas la moins importante : elle joue un rôle central dans les conditions macro-économiques et l'instauration, aux États-Unis tout particulièrement, d'un *régime de croissance reposant sur l'endettement*. On est là au cœur des déterminants de la crise actuelle du capitalisme. La gestion centrée sur le primat de la valeur actionnariale a des implications directes sur deux éléments : la répartition entre salaires et profits, et la répartition des profits entre l'entreprise elle-même et les acteurs financiers.

Tout d'abord, l'évolution des salaires a été déconnectée de la productivité[1], ce qui a conduit dans certains pays à une baisse considérable de la part qu'ils représentent dans la valeur ajoutée. À cela s'ajoute le creusement des inégalités de salaires résultant des nouvelles politiques salariales. Ces évolutions, jointes au climat d'insécurité croissante autour de l'emploi, ont pesé de plus en plus fortement sur le pouvoir d'achat de la grande masse des salariés. C'est ce qui a entraîné dans certains États, à commencer par les États-Unis, une pression de plus en plus forte à l'endettement des ménages.

Une deuxième évolution, tout aussi importante, résulte directement des normes de gestion de l'entreprise « actionnariale » : elle concerne les politiques de partage des profits de l'entreprise. La part versée aux actionnaires s'est ainsi accrue de manière considérable. Sur la décennie 2000, le montant des dividendes distribués par les firmes françaises a fortement

1. Contrairement à ce qui prévalait dans le capitalisme d'après guerre. Cela étant, il ne faut pas donner une image trop idéalisée de cette période ; en effet, on a pu observer, entre 1945 et 1965, un accroissement des inégalités de revenus en France, de même qu'une détérioration des conditions de travail dans l'industrie.

augmenté (graphique 1). Et la crise n'a que très peu affecté cette tendance.

Graphique 1
Évolution des dividendes versés aux actionnaires (1999-2010)
Dividendes

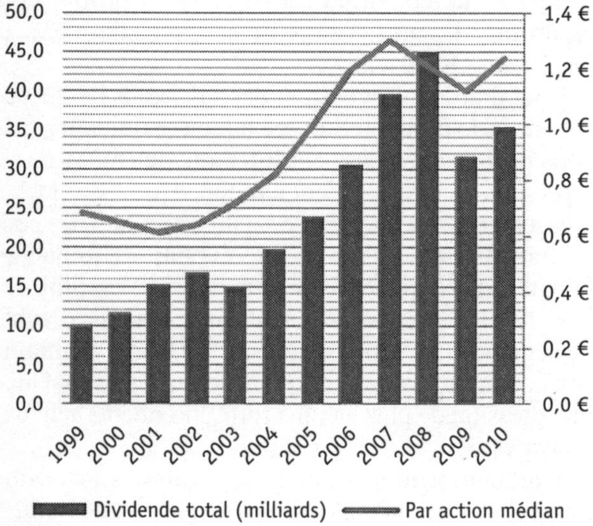

À cela s'ajoute la déconnexion entre dividendes et profits : en période d'expansion des profits, les firmes augmentent leurs dividendes par action, mais, à l'inverse, en période de dégradation des profits, elles tentent de maintenir les dividendes à un niveau satisfaisant en augmentant leur taux de distribution (graphique 2). Le maintien de dividendes élevés même lorsque les profits baissent demeure une priorité de la politique des entreprises, le plus souvent au détriment de l'investissement et de la R&D.

Graphique 2
Distribution des profits aux actionnaires
Profit et taux de distribution des dividendes

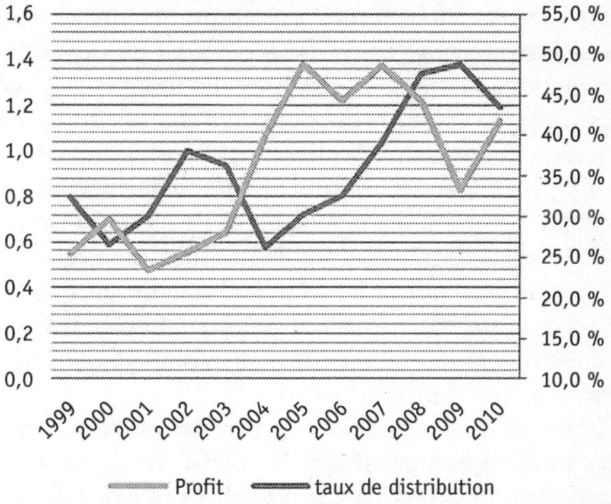

Source : calculs des auteurs.

Les normes installées dans le nouveau mode de gouvernance des entreprises sont ainsi le support d'un transfert massif de valeur au bénéfice de la finance.

UN SYSTÈME EN CRISE

La conception actionnariale de l'entreprise et les institutions qui ont été méthodiquement mises en place en son nom se sont de plus révélées *incapables de satisfaire les objectifs mêmes qu'elles prétendent viser*. En réalité, la gouvernance actionnariale est en crise depuis au moins dix ans. C'est ce qu'ont montré les scandales qui se succédé à partir du début des années 2000.

Le plus emblématique est sans doute celui de la firme Enron, mise en faillite le 2 décembre 2001. S'il se traduisit par des pertes considérables pour les actionnaires eux-mêmes, il représenta un véritable cataclysme pour les milliers de salariés de l'entreprise, dont les retraites fondirent en même temps que ses titres. Dans les mois qui suivirent, les faillites de sociétés cotées se multiplièrent : Qwest, Global Crossing, WorldCom – la faillite de cette dernière dépassant même, par son ampleur, celle d'Enron. En Europe, même si les remous furent de moindre envergure, les crises de Vivendi et de France Télécom en France[1], d'Ahold aux Pays-Bas et de Parmalat en Italie montrèrent que la faillite du nouveau capitalisme « actionnarial » était générale.

Ce que ces scandales mettent en évidence, c'est le caractère inopérant des dispositifs de contrôle des managers promus par les nouvelles normes de gouvernance, qu'il s'agisse du contrôle interne par le conseil d'administration (et ses membres supposés « indépendants ») ou du contrôle externe, censé être assuré par les *gatekeepers*[2]. Les auditeurs ont le plus

1. Les dérives et les crises de Vivendi et de France Télécom sont relatées dans Benjamin Coriat, « Moves towards finance-led capitalism : The French Case », *in* Benjamin Coriat, Pascal Petit et Geneviève Schméder (dir.), *The Hardship of Nations : Exploring the Paths of Modern Capitalism*, Londres, Edward Elgar, 2006.
2. Pour un développement sur ce point, voir Thomas Coutrot et Antoine Rebérioux, *op. cit.* Rappelons qu'on désigne sous le nom de *gatekeepers* (gardiens) les institutions chargées d'assurer la « surveillance » des entreprises, en particulier pour ce qui a trait à la sincérité de leurs comptes et, plus généralement, à l'évaluation de leurs actifs. Il s'agit des auditeurs, des analystes financiers, des agences de notation et des conseils d'administration.

souvent certifié des comptes fantaisistes, les analystes financiers ont émis des recommandations d'achat sur des titres problématiques, les agences de notation ont été (très) lentes à réviser leur notation, et les conseils d'administration ont avalisé sans moufter la plupart des opérations douteuses ou délictueuses.

Ces résultats, de même que le niveau astronomique atteint par les rémunérations des managers parallèlement à la généralisation des principes de la valeur actionnariale, devraient conduire à s'interroger sur la nature exacte de ce système et sur les acteurs à qui il profite. Car, à bien des égards, il a davantage eu pour conséquence d'accroître le pouvoir et l'autonomie du haut management – en liaison avec les gestionnaires des fonds d'investissement – que de défendre l'intérêt et la capacité d'intervention de l'ensemble des actionnaires. Les principales victimes en ont été la masse des petits porteurs, ainsi que, au tout premier chef, les salariés (dont les pensions de retraite étaient souvent investies dans les titres de leurs entreprises). Une des leçons à tirer de ces épisodes est qu'il serait illusoire d'espérer rééquilibrer ce mode de gouvernement d'entreprise par le développement de l'actionnariat salarié, solution parfois prônée par ses défenseurs.

Cet échec des dispositifs de contrôle ne s'explique pas tant par l'insuffisance des réglementations, ni même par l'existence de conflits d'intérêts dans les institutions concernées, bien que cet aspect ne soit pas à négliger. Il a des raisons plus fondamentales. Il démontre finalement que des agents *extérieurs à l'entreprise* ne sont pas capables d'évaluer sa situation effective compte tenu de la très grande sophistication des techniques comptables, financières et juridiques aujourd'hui à la disposition des dirigeants, et dont ceux-ci savent parfaitement user. C'est dire qu'il ne faut pas attendre grand-chose des réformes de la gouvernance qui ont été menées à la suite de ces scandales[1]. Ces réformes, qui pour l'essentiel n'ont visé qu'à perfectionner et renforcer les normes de la gouvernance actionnariale, étaient vouées à l'échec car elles se sont refusées à assurer un contrôle effectif et véritable des dirigeants *par des acteurs internes possédant à la fois les compétences et les motivations nécessaires* pour évaluer en profondeur les orientations stratégiques de l'entreprise aussi bien que son fonctionnement interne. Ce qui est en cause, plus fondamentalement encore, c'est le refus de mettre en question le postulat initial qui a été imposé comme fondement de l'entreprise depuis la publication du célèbre article de Milton Friedman en 1972[2] : l'entreprise doit être gérée en fonction des intérêts des seuls actionnaires.

QUE FAIRE AUJOURD'HUI ? COMMENT SORTIR DE CE SYSTÈME ?

Mettre fin aux logiques qui s'imposent depuis deux ou trois décennies pour donner de nouvelles finalités à l'entreprise, cela ne se fera pas en un jour. Il ne peut s'agir que d'un processus qui s'étalera dans le temps.

1. La loi Sarbanes-Oxley aux États-Unis tout comme les réformes promues en Europe se contentent de durcir des dispositions qui ont montré que, dans leur essence, elles ne permettaient pas d'atteindre les objectifs qu'on prétendait leur faire atteindre.
2. Milton Friedman, « The Social Responsibility of Business is to Increase its Profits », *The New York Times Magazine*, 13 septembre 1970.

Aussi, ce qui importe par-dessus tout, ce sont les ruptures qui seront introduites et l'engagement dans les nouvelles directions qu'elles favoriseront. De ce point de vue, deux remarques nous paraissent essentielles. Certes, nous nous trouvons face à une nécessité impérieuse d'envisager des *réformes majeures de l'entreprise elle-même et de son mode de gouvernement*, et nous proposerons plusieurs pistes d'action dans ce sens. Mais ces réformes doivent surtout prendre en compte la *dimension systémique* des choses, si souvent négligée par les économistes. Ce qui donne vie et force aujourd'hui à la *confiscation* par quelques-uns de la richesse que crée l'entreprise, c'est un *système d'ensemble* qui se construit depuis une trentaine d'années et dans lequel sont étroitement imbriqués les structures et les systèmes financiers, les structures industrielles, les mécanismes de pouvoir et les comportements.

En laissant de côté les réformes qui devront concerner le monde de la finance proprement dit (traitées ailleurs dans cet ouvrage), la question qui se pose est la suivante : comment transformer progressivement les structures et les comportements d'entreprise, plus particulièrement ceux des grandes sociétés par actions ? À notre sens, quelques grandes orientations doivent s'imposer.

RÉAFFIRMER L'IMPORTANCE DE L'ACTION PUBLIQUE ET MODIFIER LE CONTEXTE INSTITUTIONNEL DANS LEQUEL OPÈRE LA FIRME

Pour atteindre ce double objectif, plusieurs voies concomitantes doivent être empruntées.

Des actions visant à infléchir et à orienter les comportements d'entreprise sont nécessaires. Le moyen le plus immédiat et le plus facile pour y parvenir est de jouer sur *la politique fiscale applicable aux entreprises, à leurs dirigeants et à leurs actionnaires*.

Il convient en premier lieu de s'attaquer aux *modes de rémunération des dirigeants* en mettant en cause le système des stock-options. La suppression de tous les avantages fiscaux qui y sont attachés s'impose mais, si cette forme de rémunération devait à titre transitoire être conservée, il faut mettre en place une fiscalité qui pénalise ce type de revenu. Dans le même esprit, il faut envisager des formes de fiscalité fortement durcies sur les revenus très élevés (par exemple de l'ordre de vingt fois le Smic), en rappelant qu'ils constituent une forme camouflée de *profits non investis* et qu'ils doivent à ce titre être taxés.

Plus généralement, la fiscalité sur les profits des entreprises doit être revue en *différenciant fortement les taux sur profits investis et les taux sur profits distribués*. Cette action doit s'inscrire dans une politique d'ensemble visant la fiscalité des groupes. Une mesure nécessaire et urgente consisterait à supprimer la possibilité d'intégrer les pertes des filiales étrangères afin de réduire les profits soumis à impôt. Comme expliqué en détail dans le chapitre 4 de cet ouvrage, mettre fin à la contre-révolution fiscale des trente dernières années et rétablir une base fiscale en abolissant les privilèges multiples accordés aux revenus du capital est devenu, face à la charge grandissante de la dette, une mesure de salut public.

De même, les ressources offertes par une mise à jour de la réglementation doivent être mobilisées. Cela concerne le droit de la concurrence, mais aussi et surtout le droit du travail et le droit social.

C'est ainsi qu'il faut repenser la question du contrôle des OPA/OPE. En premier lieu, il convient de refuser le « principe de neutralité » – proposé de manière optionnelle par une directive européenne de décembre 2003 –, selon lequel seuls les actionnaires seraient en droit de décider du sort de la société en cas de prise de contrôle hostile, les dirigeants et le conseil d'administration devant s'effacer. Plus généralement, il est urgent de s'écarter de l'idéologie qui veut que l'information financière des entreprises doit être formatée pour satisfaire aux seuls besoins des actionnaires et des investisseurs. Refondre les normes comptables, redéfinir les indicateurs et outils de mesure des performances doit aider à parvenir à des représentations plus exactes de la santé des entreprises et de leurs activités.

En matière de droit social, les mises à jour sont tout aussi essentielles. Des formes juridiques nouvelles du contrat de travail doivent permettre d'établir le lien du salarié avec son employeur véritable, y compris lorsqu'il s'agit de sous-traitants ou de salariés appartenant à la vaste zone grise des CDD et intérimaires de diverses natures. Cela passe sans doute par une reconnaissance juridique claire de l'*entreprise*[1] comme

1. Dans l'état actuel du droit, il n'y a de reconnaissance juridique que des sociétés.

entité (au-delà de ses multiples filiales) et de ses obligations à l'égard des travailleurs (indépendamment de la nature de leur contrat de travail ou de la filiale qui est censée les employer).

Dans cet esprit aussi, il convient d'explorer les moyens de proscrire ce que l'on peut considérer comme des filiales fictives – ces entreprises qui sont en fait totalement sous le contrôle d'une maison mère et ne servent que de réceptacles à des manipulations comptables et fiscales, ou encore à transférer et diluer totalement les responsabilités de la société mère et de ses dirigeants dans certains domaines (à l'égard de ses salariés, de ses clients, de ses fournisseurs, de ses prêteurs, etc.).

Agir directement sur la « structure de gouvernance » et rééquilibrer le pouvoir de gestion et de décision

À travers notamment le droit des sociétés (et plus généralement le droit économique), il convient de s'attaquer à la structure des organes de direction des grandes entreprises et à la définition de leurs finalités, donc des obligations de leurs dirigeants : à qui doivent-ils rendre des comptes ? Quelle est la nature des objectifs qu'ils ont à poursuivre ? Parallèlement, les droits des salariés devraient être revigorés et étendus.

Il est essentiel que de telles réformes s'appuient sur les spécificités historiques du modèle continental européen : il faut réaffirmer son importance pour progresser vers une conception de l'entreprise comme institution au service de la collectivité.

Dans cette perspective, l'objectif stratégique ne peut être que de rééquilibrer les forces en présence par le biais de réformes institutionnelles profondes du mode de gouvernance des entreprises, afin que puissent peser réellement dans les prises de décision les intérêts des salariés et ceux des acteurs qui, tout en étant extérieurs à l'entreprise, sont directement intéressés ou concernés par ses choix. Deux instances doivent concentrer les efforts : le conseil d'administration (CA) et le comité d'entreprise (CE).

S'il ne faut pas les négliger, les perspectives offertes par une *réforme des CA* ne doivent pas non plus être surestimées. Les leçons peuvent être tirées de l'expérience allemande. Dans ce pays, depuis 1976, les représentants des salariés siègent au conseil de surveillance[1], à parité avec les entreprises dans les sociétés employant plus de 2 000 salariés. Ce régime a certes contribué à améliorer la solidité des entreprises allemandes, en les protégeant contre les dérives qu'ont pu connaître par exemple les entreprises américaines, mais il n'a pas empêché le salariat allemand de subir des attaques multiples au cours des quinze dernières années. La financiarisation de l'entreprise s'est traduite, en Allemagne comme en France, par des inégalités, des licenciements, une multiplication des travailleurs à statut précaire et à bas salaire. En France, le principe de cosurveillance n'est que partiel et embryonnaire. La CFDT et la CGT réclament le droit pour les salariés de siéger en tant que salariés dans les instances de décision de toutes les grandes entreprises. Il faut sans doute aller dans cette direction.

1. Rappelons que le conseil de surveillance constitue l'équivalent fonctionnel du conseil d'administration dans une structure duale de gouvernance. Les commentaires qui suivent tendent donc à confondre l'un et l'autre.

Mais nous n'attendons pas de ces réformes des résultats mirobolants. Surtout, nous pensons qu'elles ne prendront leur vraie valeur que si, *accompagnées et prolongées par des réformes du comité d'entreprise et de ses prérogatives,* elles se traduisent par de véritables changements dans les rapports sociaux au sein de l'entreprise.

Ainsi, pour de multiples raisons que nous allons expliciter, la voie la plus féconde nous paraît être celle d'un *renforcement des droits du CE*, qui rassemble les représentants élus du personnel.

Le renforcement des *droits à l'information et à la consultation* est une composante importante du dispositif à mettre en place. L'existence de procédures légales d'information et de consultation donne des points d'appui, limités mais réels, pour faire pression sur les directions d'entreprise, notamment par le recours au contentieux judiciaire. Face aux dérives et à la vacuité du contrôle propre à une gouvernance centrée sur la seule création de valeur pour l'actionnaire, le renforcement de ces droits participerait, toutes choses égales par ailleurs, à une responsabilisation accrue des dirigeants[1].

Pour contrer les travers de la gouvernance actionnariale, il faut cependant aller au-delà et promouvoir des droits nouveaux portant sur tous les sujets qui concernent les orientations économiques et financières de l'entreprise et se traduisent par des effets sur

1. À l'échelle européenne, ces droits ont été reconnus avec l'adoption en 2002 de la directive sur l'information-consultation au niveau national pour toutes les entreprises de plus de 50 salariés, et avec la création au niveau transnational des comités de groupes européens, instituée par la directive 94/41.

l'emploi ou les rémunérations. Il ne s'agit pas d'empêcher l'entreprise d'évoluer dans ses activités et ses choix stratégiques, mais d'installer un contrôle effectif et d'introduire une obligation de négociations sur ces sujets clés afin d'établir des accords avec les représentants des salariés.

Il convient de rappeler et d'inscrire dans les textes que l'entreprise comme entité propre appartient également à ses salariés. Les droits détenus par les actionnaires doivent être équilibrés par les droits des salariés, légitimés par leur apport au fonctionnement de l'entreprise et par leurs compétences, qui demeurent l'élément déterminant de la création de la valeur. C'est pourquoi le CE en tant que *centre de la représentation de droits partagés* doit avoir à connaître des plans d'investissement comme de toute évolution majeure de la stratégie. Cela conduirait les directions d'entreprise à prendre en compte bien plus en amont les implications qu'auraient certains changements pour les salariés, et au-delà à évaluer bien plus précisément les conséquences de leurs choix.

Les réformes du CE, et plus généralement de la gouvernance, doivent prendre acte de deux lacunes du mode de gouvernance actuel – et tenter de les corriger.

La première concerne *l'absence de représentation véritable au sein des entreprises de la masse des sous-traitants, intérimaires et autres travailleurs au statut infériorisé*. Le fonctionnement de l'entreprise, aujourd'hui le plus souvent distribuée en réseaux de fournisseurs et de sous-traitants, conduit à un éclatement des collectifs de travail impliqués dans la confection d'un même produit et opérant au sein d'une même chaîne de production de la valeur. Assurer la représentation de ces personnels et intégrer les entreprises sous-traitantes au sein du CE du donneur d'ordres permettrait non seulement de lutter contre un fractionnement artificiel, mais, au-delà, de (re) constituer une identité partagée au sein de ces collectifs de travail[1].

L'autre lacune à combler est *l'absence de représentation dans l'entreprise de certaines parties prenantes « externes » mais directement concernées par ses choix*. Cette réforme permettrait de donner corps au principe de la responsabilité sociale et environnementale de l'entreprise. En effet, sous la pression de la recherche de rentabilité, les entreprises sont amenées à rejeter sur leur environnement des nuisances écologiques (pollutions, marées noires, gaz à effet de serre, etc.), sanitaires (accidents industriels, maladies professionnelles, contamination du voisinage, etc.), sociétales (chômage, discriminations, exclusions, etc.). Aujourd'hui, cette production d'externalités négatives n'est pas véritablement contrecarrée par les simulacres d'autorégulation mis en place – ces démarches dites de « responsabilité sociale » qui, dans la plupart des cas, visent avant tout à préserver l'image de la firme sans modifier substantiellement son comportement.

Afin de faire face à ces dégâts, dès lors qu'ils devenaient suffisamment visibles pour permettre une mobilisation citoyenne, la société civile a tendu jusqu'à présent à s'organiser au sein d'associations qui ont, au fil du temps, accru leur pression (associations

1. On pourrait alors parler de « coactivité » au sens large, désignant la coopération dans la production d'un bien ou d'un service, indépendamment des frontières géographiques de l'établissement ou des frontières juridiques de l'entreprise.

écologistes, de défense des droits de l'homme et de lutte contre les discriminations, de défense des malades, de promotion de la solidarité Nord-Sud, etc.)[1]. Ces actions traduisent l'exigence croissante des citoyens, indépendamment des pouvoirs étatiques ou économiques, d'obtenir des entreprises qu'elles respectent les droits des personnes et l'environnement. Malheureusement, elles s'exercent trop souvent sans coordination – voire en opposition – avec les organisations syndicales des entreprises concernées. Il est décisif que s'instaurent, dans les entreprises et les localités, des lieux de débat où ces différents acteurs pourraient confronter leurs vues et leurs analyses, l'intérêt commun étant de faire reculer la logique prédatrice de l'accumulation financière. C'est en cela que l'élargissement des CE à ces « parties prenantes » issues de la société civile marquerait une avancée importante.

Dans ce cas comme dans celui de la représentation des sous-traitants et personnels à statut infériorisé, il reste à définir plus précisément par la loi la nature des associations et des personnels qui seraient habilités à siéger dans ces CE élargis, ainsi que leur poids dans les votes. On peut supposer que les salariés, et plus généralement les « insiders », conserveraient la plupart du temps la majorité des voix. Mais la présence des parties prenantes extérieures avec voix délibérative constituerait un élément central de la reconstitution des solidarités au sein du monde du travail. Il convient de

1. C'est ainsi que Greenpeace a ciblé Shell ou Areva, qu'Amnesty ou la FIDH se sont investis sur le terrain des droits économiques et sociaux, qu'Act Up, Sidaction ou Médecins sans frontières ont contesté les pratiques des laboratoires pharmaceutiques et œuvré pour étendre la gratuité de l'accès aux soins dans les pays du Sud, etc.

poursuivre l'objectif que le CE, lieu d'expression d'intérêts multiples, soit aussi un lieu d'établissement de compromis solides et soutenables.

POUR CONCLURE

Au point où nous en sommes, nul ne peut prétendre détenir des solutions à appliquer clés en main. Des débats approfondis doivent encore éclairer le sens et la portée de chaque proposition, et servir de base aux arbitrages qui seront effectués.

Deux certitudes se dégagent cependant. La première est que la mainmise de la gouvernance actionnariale et de son idéologie sur les entreprises a fait faillite et qu'elle est pour beaucoup dans la catastrophe économique que nous traversons aujourd'hui. L'heure d'un changement radical de modèle et de philosophie a sonné. La seconde certitude a trait au type de société et d'entreprise vers lequel il convient de se diriger : des entreprises organisées selon des modes de gouvernance et de gestion similaires à ceux que l'on trouve dans certains communs. En d'autres termes, il faut traiter l'entreprise comme une forme particulière de communauté où se matérialise une distribution des droits et des obligations entre parties prenantes. Le principe de responsabilité sociale et environnementale doit être inscrit non seulement dans sa charte, mais aussi, comme nous l'avons suggéré, dans ses règles de fonctionnement[1].

1. Différentes expériences mériteraient d'être approfondies. Ainsi, la notion de *flexible purpose corporation* a été proposée récemment dans la législation californienne (*Corporate Flexibility Act* de 2011

La distance qui nous sépare de la réalisation de cet objectif est grande. Il s'agit finalement de rien moins que de construire une nouvelle représentation de l'entreprise et de sa place dans la société. Redonner vie et corps à l'entreprise comme communauté, à l'opposé de la vision néolibérale qui s'est imposée voilà trente ans et qui la conçoit comme un simple arrangement contractuel privé au service exclusif des actionnaires. Cette dimension proprement idéologique n'est pas la moins importante.

Les propositions avancées dans ce texte, en indiquant une direction possible, n'ont d'autre but que de montrer que, sur le chemin à parcourir, des jalons peuvent être posés et doivent l'être sans tarder.

PROPOSITION N° 1 : Réformer profondément la fiscalité sur les revenus des dirigeants et des actionnaires et leurs modes de rémunération ; pénaliser la distribution des profits non réinvestis ; plafonner les plus hauts revenus.

PROPOSITION N° 2 : Élargir les compétences et les pou voirs des comités d'entreprise ; donner

[SB 201]). Cette forme juridique d'entreprise nouvelle comporte deux attributs essentiels. Tout d'abord, elle donne explicitement aux dirigeants une grande liberté de choix d'objectifs non financiers (*non-financial purpose*). La firme se définit à partir d'un ou plusieurs « objectifs spécifiques » (*specific purpose*) qui peuvent concerner les employés, les clients ou les fournisseurs, une communauté ou la société entière, la défense de l'environnement, etc. Ensuite, est instaurée l'obligation d'un *transparent reporting* annuel détaillé sur les objectifs poursuivis et les moyens mis en oeuvre pour les satisfaire. Voir http://socentlaw.com/2011/05/flexible-purpose-corporation.

aux salariés des droits nouveaux en matière de choix et de stratégie éco nomiques.

PROPOSITION N° 3 : Assurer au sein de l'entreprise la représentation des principales parties prenantes concer nées par ses activités.

8

REDONNER UN AVENIR AU TRAVAIL

Philippe Askenazy et Philippe Méhaut

Un temps oublié, le travail s'invite de nouveau sur le devant de la scène. Le recul de l'industrie, la montée des services, le mythe d'une économie immatérielle ont fait penser que les conditions de travail, souvent vues uniquement en rapport avec la transformation de la matière, s'amélioreraient ; mécaniquement, le contenu du travail serait plus qualifié, plus épanouissant. Vers la fin des années 1990, un débat autour de la « fin du travail » mettait même en doute son rôle central de « grand intégrateur » dans la société[1]. Parallèlement, au moins en France, la persistance d'un haut niveau de chômage focalisait l'attention et les politiques sur l'emploi, quelles que soient les qualités de celui-ci. Plus encore, la lutte contre le chômage devait passer par l'abaissement du coût du travail et par le développement de statuts d'emploi dégradés – en clair, par la précarité.

1. Yves Barel, « Le Grand Intégrateur », *Connexions*, n° 56, 1990 ; Dominique Méda, *Le Travail, une valeur en voie de disparition*, Paris, Flammarion, 1998.

UN DIAGNOSTIC SUR LE TRAVAIL

Pourtant, négliger le travail a d'abord un coût humain et social élevé. Certes, dans les grandes enquêtes sur les valeurs auxquelles sont attachés les Français, le travail obtient toujours un score élevé. Mais les indicateurs relatifs aux conditions de travail sont au rouge. Comme dans la plupart des États membres de l'OCDE, une forte vague d'intensification du travail a été observée en France jusqu'au début des années 2000[1]. Elle y a été particulièrement marquée, et elle participe des relativement bonnes performances du pays en termes de productivité horaire du travail. Cependant, elle est allée de pair avec une dégradation des conditions de travail dans la plupart des domaines : pénibilité physique (y compris dans les services), charge mentale, autonomie. Certes, le nombre des accidents du travail recule. Mais celui des maladies professionnelles augmente, sans que cela puisse être totalement expliqué par une augmentation des déclarations due à l'amélioration de la prise en charge. De plus, beaucoup d'observateurs s'inquiètent de la révélation de nouvelles affections (montée des cancers découverts *ex post* et dont l'origine professionnelle est probable, préoccupations autour des risques liés aux nanotechnologies…).

La progression de la précarité a un double effet négatif. On sait que les travailleurs précaires sont souvent ceux qui ont les conditions de travail les plus dégradées. En outre, la précarité est génératrice à la fois d'angoisse et d'une insuffisance de moyens pour agir sur sa santé, non seulement chez les précaires,

1. Voir Philippe Askenazy, *Les Désordres du travail*, Paris, Seuil, 2004.

mais aussi chez les travailleurs « stables », qui, se sentant menacés, sont moins pugnaces pour défendre leurs conditions de travail.

C'est justement à travers la problématique de la santé que la question du travail est progressivement réinvestie. Aujourd'hui, le thème du stress au travail alimente largement les débats, faisant douter de l'hypothèse d'une pause durable dans l'intensification. Cette « pause » est d'ailleurs démentie par la dernière enquête européenne de la Fondation de Dublin. Les vagues de suicides au travail qu'ont connu ou que connaissent certains grands groupes (Renault, France Télécom, La Poste…) ou certains services de l'État ne sont que les symptômes, la partie émergée de l'iceberg du malaise au travail. Des actes individuels deviennent le révélateur de phénomènes collectifs : intensification, pressions accrues à la rentabilité, réductions d'effectifs, précarité, nouvelles formes de contrôle par les outils informatiques…

Certains segments de la main-d'œuvre – les plus faibles, les moins organisés et les moins protégés – sont plus que d'autres soumis à des conditions de travail dégradées. Annie Thébaud-Mony[1] a ainsi montré comment EDF reportait sur ses employés intérimaires la gestion des doses « acceptables » (*sic*) de radiations dans les centrales nucléaires. Les récents scandales autour du chantier de l'EPR de Flamanville révèlent non seulement une sous-déclaration des risques, mais aussi leur polarisation sur les salariés des entreprises sous-traitantes. De même, dans toute l'Europe, le

1. Annie Thébaud-Mony, *L'Industrie nucléaire. Sous-traitance et servitude*, Paris, Inserm-EDK, coll. « Questions en santé publique », 2000.

recours à des travailleurs migrants saisonniers se fait trop souvent dans des conditions – de travail, mais aussi de logement – indignes.

Justement, il convient d'étendre l'analyse au-delà de nos frontières : dans un monde globalisé, si les conditions d'échange sont interdépendantes, il en va de même des conditions de travail. Les salaires ou la durée du travail sont utilisés comme arguments pour instaurer une compétition à la baisse en matière de conditions de travail. En dépit des efforts de l'Organisation internationale du travail (OIT) – sur lesquels nous reviendrons –, des syndicats, d'ONG et parfois de multinationales engagées dans une démarche de responsabilité sociale de l'entreprise, il ne se passe pas un jour sans que surgissent des cas d'atteintes graves à la santé par mépris des règles élémentaires de protection, voire de quasi-esclavagisme, par exemple dans les zones dites « franches ».

LE TRAVAIL EST AUSSI VICTIME DE LA RECHERCHE DE LA RENTABILITÉ FINANCIÈRE

Pourtant, les nouvelles technologies avaient fait naître beaucoup d'espoirs. Elles ont incontestablement, grâce à l'automation, permis d'alléger la charge physique dès les années 1970, ainsi que la dangerosité des interventions (contrôle à distance, robots sur les installations à risque, etc.). Elles n'ont pas supprimé, loin s'en faut, la nécessité de l'intervention humaine, notamment dans les situations de crise. Plus modestement, des technologies simples mais éprouvées permettent d'améliorer significativement certaines conditions de travail. Les lits électriques, dans les hôpitaux ou les hôtels, diminuent fortement le mal de dos pour les personnels chargés de changer les draps. Un GPS bien calibré libère le livreur d'une partie de la charge mentale liée à l'identification du client. La France, comme la plupart des pays développés, est caractérisée par une grande mutation vers les services. Ici, la technologie ne doit pas seulement être appréciée au regard de la transformation de la matière, mais aussi de toute la dimension immatérielle de l'activité de travail.

Les modalités d'implantation des technologies et les organisations du travail associées sont dépendantes de caractéristiques nationales (disponibilité ou non de la main-d'œuvre, existence ou non d'un salaire minimum ou de règles sur le temps de travail) qui laissent encore à la fois des marges d'incertitude et des marges d'action aux politiques publiques.

La mise en œuvre de nouvelles technologies n'est pas neutre. Un « biais technologique » peut éliminer les travailleurs les moins aptes à les utiliser (parce que peu qualifiés, âgés…), contribuant à une segmentation accrue de la force de travail. Fondamentalement, les technologies ne sont pas au service du travailleur mais à celui du détenteur du capital, l'employeur. Elles peuvent lui permettre de renforcer le lien de subordination, de contrôler ou prescrire le contenu du travail, d'« optimiser » les cadences, de supprimer les temps morts, de mettre en concurrence les salariés ou encore de disloquer les collectifs en organisant un travail par équipe instable. Or l'exploitation des potentiels offerts par les technologies répond plus que jamais aux impératifs de rentabilité, en négligeant le travailleur. Dans ce contexte, même une politique de réduction de la durée du travail ne peut « naturellement » réduire la charge de travail.

Impossible ici de ne pas mettre en cause les deux diktats imposés par la financiarisation de l'économie. Le premier est celui de la valeur[1]. Loin des fondements de l'économie, qu'il s'agisse des classiques (Smith) ou des marxistes, on a assisté à une dérive de la notion de valeur. Ce qui compte aujourd'hui principalement, c'est une pseudo-valeur issue des marchés financiers : la spéculation « ajoute de la valeur » ; la crise boursière « détruit de la valeur ». Cette « référence » théorico-médiatique fait oublier que seul le travail est créateur de valeur. La manipulation de cours n'est, pour l'essentiel, que le partage d'un gâteau existant.

Le deuxième diktat, fondé sur le premier, est celui d'une surdétermination du travail par cette logique financière. La recherche de taux de rentabilité souvent exorbitants se traduit par une pression sur le travail et sur sa productivité, ainsi que sur l'emploi, guidée par les marchés financiers et sans rapport avec la soutenabilité d'un modèle économique et social de développement. Sous-traitance et off-shoring – lorsque cela est possible – en reportent sur les maillons les plus faibles les conséquences en termes de productivité et de conditions de travail, avec des effets en retour sur les salariés « cœur » des maisons mères.

Tout aussi insidieuse, la financiarisation de l'économie conduit à mettre en cause l'ensemble des logiques d'intervention publique, y compris dans des secteurs *a priori* abrités de la mondialisation. Dans toute l'Europe, la santé et les hôpitaux sont soumis à une forte pression budgétaire au nom de la « bonne gestion »,

1. Voir André Orléan, *L'Empire de la valeur*, Paris, Seuil, 2011.

synonyme de satisfaction des marchés financiers. Les services les moins « rentables », comme les urgences, connaissent une inquiétante dégradation des conditions de travail et de la qualité du service rendu. Faute de moyens, l'État est amené à délaisser des interventions qui lui reviennent. Ainsi, les sommes dédiées à l'inspection ou à la médecine du travail subissent les mêmes réductions – voire des réductions supérieures – que les autres politiques publiques, singulièrement en France.

L'enjeu du travail n'est pas cantonné aux pays du Nord. Dans le sillage du libre-échange, la mondialisation entraîne une incontestable progression du niveau de vie moyen dans le monde émergent, notamment dans les « BRIC » (Brésil, Russie, Inde et Chine). Mais les coûts humains, environnementaux et sociaux d'une croissance débridée sont réels. Dans ces pays, les inégalités, qu'il s'agisse de revenus ou de qualité de l'emploi et du travail, se creusent. Après avoir largement exploité une main-d'œuvre locale corvéable à merci, certaines grandes multinationales, spécialistes de la production au moindre coût, la délaissent désormais pour s'installer dans des pays à coûts salariaux encore plus bas et/ou encore moins regardants en termes de conditions de travail.

Or la croissance de l'interdépendance des conditions d'emploi et de travail est en miroir de celles des interdépendances financière et de production. La concurrence des pays où règnent des conditions sociales inférieures sert d'argument pour accentuer la pression dans les pays développés. On connaît le leitmotiv des différentiels de coûts salariaux. On a vu à plusieurs reprises des chantages autour du temps de travail ou de menaces de délocalisation. Le *benchmarking* sur la productivité horaire se développe. Des formes nouvelles de circulation de la main-d'œuvre s'étendent, par exemple dans l'espace européen, où domine sans contrepoids le principe d'un marché du travail « libre ». Les exemples sont nombreux, même en France, des chantiers navals de Saint-Nazaire aux entreprises du BTP, en passant par l'agriculture, qui emploie trop souvent des travailleurs intérimaires venus, par le biais d'agences spécialisées, des nouveaux pays de l'Union, voire de plus loin, dans des conditions de travail et de rémunération échappant à toutes les règles, nationales ou communautaires.

S'il faut revoir en profondeur la régulation de la finance internationale (traitée ailleurs dans cet ouvrage), voire s'interroger sur la mise en œuvre d'une démondialisation, cela suppose aussi une politique spécifique du travail dans un monde globalisé.

VERS UNE INSOUTENABILITÉ SOCIALE ET ÉCONOMIQUE

De fait, de l'enjeu humain autour du travail naît aussi une menace croissante sur la soutenabilité de nos sociétés, au même titre que la crise environnementale. Cette menace passe par le lien fort entre travail et santé.

Les coûts économiques directs des atteintes à la santé au travail représentent plusieurs points de PIB. Par exemple, dans le cas de la France, au 0,7 point de PIB de la branche travail de la Sécurité sociale il faut ajouter les coûts assumés par la branche maladie, puisque autour de 80 % des maladies d'origine professionnelle, dont la plupart de celles différées après la retraite, ne sont pas reconnues comme telles. Ces coûts, souvent mutualisés, parfois reportés sur la puissance publique, pèsent finalement peu sur ceux qui en sont les responsables directs, autorisant la poursuite, voire l'aggravation, de politiques de gestion des ressources humaines fondées sur une exploitation « minière » des ressources en main-d'œuvre. Quant aux coûts indirects, qu'il s'agisse de l'absentéisme, de la non-implication, des pertes de qualité, ils peuvent représenter largement plus que les coûts directs[1].

De la même façon que l'accumulation de gaz à effet de serre détraque le climat, l'accumulation d'années d'intensification du travail accentue ces coûts et obère la soutenabilité des modèles de production dominants. Si de plus en plus de jeunes souffrent de pathologies professionnelles, comme les troubles musculosquelettiques, mécaniquement les seniors sont les premiers concernés par l'usure au travail. Avec une santé dégradée, soupçonnés d'être moins productifs et moins adaptables, ils sont soit exclus, soit écartés de l'embauche, et viennent alimenter, sur fonds publics, le chômage de longue durée. Les politiques publiques déployées en Europe et visant à augmenter le taux d'activité des seniors *via* un report de l'âge de la retraite sont dans l'impasse : hormis dans certains pays scandinaves, rien – ou si peu – n'est fait pour organiser les conditions d'un travail soutenable pour les seniors. La fermeture des frontières aux travailleurs migrants et le vieillissement de la population

1. Voir par exemple le travail de Maurice Gosselin : http://www.irsst.qc.ca/ -publication-irsst-analyse-des-avantages-et-des-couts-de-la-sante-et-de-la-securite-au-travail-en-entreprise-developpement-de-l-outil-d-analyse-r-375.html.

active aggravent, année après année, cette insoutenabilité sur l'ensemble du continent européen.

POUR UNE DIPLOMATIE DU TRAVAIL

Au-delà de la nécessaire « définanciarisation », quelle politique déployer, singulièrement en Europe, pour garantir la soutenabilité du travail ?

Nous avons évoqué l'interdépendance croissante des conditions de travail dans un monde globalisé. S'il existe une « mondialisation par le haut » avec ses gagnants, il existe aussi une « mondialisation par le bas » dont les effets sur le travail sont parfois délétères. À l'échelle mondiale, il faut (ré)inventer une véritable « diplomatie » du travail.

Depuis de nombreuses années, des voix proposent d'articuler celle-ci avec les négociations de l'OMC, voire avec celles d'autres instances internationales (le G20 par exemple). Les clauses commerciales ne sont jamais « pures ». Elles peuvent intégrer des clauses sociales. Comme pour les clauses environnementales, l'exercice est cependant complexe. Il peut rapidement se transformer en un simple protectionnisme néfaste aux pays exportateurs ; les travailleurs de ces pays peuvent être alors repoussés vers des segments de production moins visibles, plus informels, où les conditions sont pires, accentuant paradoxalement en retour la pression sur les travailleurs des pays importateurs. Pour être efficaces, des « clauses sociales » doivent donc s'articuler avec des transferts vers les pays émergents, transferts qui devraient être ciblés pour, justement, améliorer les conditions des travailleurs dans les pays exportateurs.

Pour commencer, il faut largement appuyer les initiatives de l'Organisation internationale du travail (OIT), précisément fondées sur la diplomatie du travail. Elles sont porteuses d'une promotion du travail décent. Le passage du G7/G8 au G20 redonne une place centrale à cette institution liée à l'ONU, puisque l'OIT a l'ensemble des pays dans son « portefeuille ». À l'inverse, c'était l'OCDE qui dominait au sein du G7/G8, l'expertise économique sur les questions d'emploi imprimant un regard très libéral, avec une prise en compte mineure du problème du travail.

Par ailleurs, avec l'Association internationale de la sécurité sociale (AISS), l'OIT cherche à étendre la ratification de la déclaration de Séoul sur la sécurité et la santé au travail. Celle-ci fait de la garantie de la sécurité et de la santé au travail un droit humain fondamental tel que stipulé à l'article 23 de la Déclaration universelle des droits de l'homme. En septembre 2011, 33 ministres du Travail ont endossé ce texte dans la déclaration d'Istanbul. Un seul ministre de l'Union européenne a signé : celui de la Finlande…

De fait, qui a jamais entendu sur ces questions s'élever une voix forte d'un grand pays de l'Union dans l'arène internationale ? Quel ministre européen du Travail a un jour prononcé un discours de portée mondiale, comme ceux que l'on entend parfois dans les assemblées générales de l'ONU ? À la faiblesse de la politique nationale du travail répond un mutisme sur les enjeux internationaux. Certes, il ne faut pas trop attendre d'instances internationales souvent paralysées par des jeux de pouvoir et au faible pouvoir normatif, à l'image du G20 de Cannes en novembre 2011, qui s'est essentiellement contenté de constats sur l'emploi dans la crise. Mais il est possible d'y ouvrir un vrai débat et d'y promouvoir des normes internationales plus fortes, qui seront un point d'appui pour l'amélioration des conditions de travail et d'emploi dans les pays les moins protégés. Cette amélioration contribuerait à limiter le dumping social, avec des rétroactions dans les pays développés. Il faut aussi – et c'est vrai pour toutes les conventions internationales – défendre le principe de la meilleure clause, principe qui doit devenir, en droit, supérieur à celui de la libre circulation des salariés. C'est la clause la plus avantageuse pour les salariés qui doit l'emporter, qu'elle soit nationale ou internationale. On sait en effet (et cela s'est vu en Europe) que des voix néolibérales ou des organisations patronales rêvent d'une législation universelle minimale pour enfoncer des coins dans les acquis nationaux.

Cette diplomatie du travail doit aussi se développer au sein même de l'Union européenne. Celle-ci fonctionne aujourd'hui sur le paradigme de la libre circulation des travailleurs, mais avec, pour le moins, des ambiguïtés et des contradictions. L'Europe développe ainsi un certain nombre de normes – sur le travail intérimaire, sur la durée hebdomadaire du travail, sur les travailleurs postés – qui sont porteuses à la fois de dérégulation et de régulation. Il faut savoir entendre ce que disent les salariés et les syndicats de certains pays qui s'appuient sur ces normes « plancher » pour améliorer leurs conditions de travail. Il faut aussi savoir entendre ce que disent, ailleurs, des acteurs similaires sur les risques « à la baisse » qu'introduisent ces normes lorsque les règles nationales sont plus avantageuses (voir les débats sur la « directive services », dite « directive Bolkestein »). L'ambivalence européenne, avec ce mix de credo néolibéral et de social-démocratie, permet le pire et le meilleur. Pourtant, là aussi, une diplomatie européenne du travail qui s'appuierait sur les pays moteurs dans le domaine des conditions de travail pourrait permettre de dépasser le débat franco-français, somme toute stérile, sur le thème « l'Europe libérale *versus* l'Europe des travailleurs ». Mais, là encore, on attend vainement des positions fermes et créatives de la part de la France.

Au niveau des normes produites par l'UE, on peut aussi imaginer que des révisions périodiques permettent d'élever graduellement les niveaux de protection à mesure des progrès réalisés. Cela se pratique pour les produits chimiques, les taux de CO2, la pollution de l'eau… Pourquoi pas dans le domaine du travail ?

LES CHANTIERS EN FRANCE

Comme le révèle son mutisme européen, la France est loin d'être vertueuse sur son propre territoire. Un rapide tour d'horizon des indicateurs internationaux montre que notre modèle social est peu performant en matière d'organisation et de conditions du travail. Les travaux comparatifs européens montrent que la *lean production* – qui est loin d'être le mode d'organisation du travail porteur des meilleures conditions de travail – est plus répandue en France que, par exemple, dans les pays nordiques. L'extension de ce modèle aux activités de services, qu'il s'agisse de la téléphonie, d'Internet ou, de plus en plus, *via* le *new public management* et au nom de la révision générale des politiques publiques (RGPP), de l'éducation ou de la santé, érige de nouveaux obstacles.

À l'inverse de ces logiques, la France peut devenir le laboratoire de nouvelles pratiques de travail en Europe. Elle peut se saisir de l'opportunité que représente la nécessaire transition écologique. C'est bien un nouveau modèle de développement qui se dessine ici. Il passe par l'émergence de nouvelles activités, porteuses d'emplois nouveaux qui viendront se substituer à des emplois plus carbonés. C'est donc une occasion de repenser le travail, mais aussi une source de danger : ces activités ne sont pas nécessairement douces pour les travailleurs. Certes, le développement de l'agriculture biologique réduit significativement l'usage de produits chimiques dangereux pour l'homme et son environnement. Mais le retraitement de certains déchets nécessite des procédés industriels et des précautions particulières. Le tri manuel demeure souvent indispensable, avec son lot de contraintes : bruit, risques de coupure, exposition à des produits chimiques, etc. La mutation énergétique implique l'usage de produits « à risques », comme pour les batteries automobiles ou encore pour les panneaux solaires. L'objectif d'un secteur du bâtiment à haute performance énergétique redéfinit les matériaux et les process de construction. En clair, les emplois « verts » ne le sont pas forcément pour tout le monde : ce n'est pas parce qu'ils sont destinés à « sauver la planète » que ceux qui les occuperont seront « heureux ».

Il est important de tenir compte des erreurs du passé. Le développement des services à la personne a souvent été présenté comme une mine d'emplois de service, donc *a priori* de bonne qualité. La politique de soutien à ces emplois, focalisée sur le volume, a peu intégré les questions de formation, de compétences, de qualité du travail. Or c'est l'un des secteurs de plus forte précarité. À trop se féliciter du nombre d'emplois créés, nos gouvernants en ont oublié leur qualité et leur sens social. La même erreur ne doit pas être reproduite pour les emplois « verts ». Politique industrielle et politique de l'emploi doivent intégrer une *politique du travail*, condition de la crédibilité d'un nouveau mode de développement et de l'attractivité de ce secteur. La précarisation n'a pas par elle-même favorisé l'activité économique ; son reflux ne pénalisera pas l'emploi, mais constituera une première amélioration des conditions de travail.

Un élargissement des droits des travailleurs, en particulier des salariés, accompagnerait cette reconquête du travail. Individuellement, un travailleur doit disposer de toutes les informations sur les risques qu'il court ; ainsi, les rapports de l'inspection du travail, pour l'instant envoyés aux seuls employeurs, devraient circuler. Le droit de retrait en cas de risque doit être garanti, protégé, élargi. Les salariés, notamment les cadres, face à des injonctions incompatibles avec leur éthique, pourraient bénéficier d'un droit à la démission légitime. Les droits collectifs peuvent également être réaffirmés. Rien ne devrait pouvoir se faire, dans l'entreprise, sans une intervention des salariés sur le contenu de leur travail et les conditions dans lesquelles il s'exerce. Le droit de constituer un réseau social d'entreprise permettrait de contourner l'impératif de loyauté et de socialiser des problèmes artificiellement présentés comme individuels.

Les organisations de salariés sont souvent faibles au niveau de l'entreprise, et c'est davantage l'emploi et le salaire que les conditions de travail qui focalisent leur attention. Il faut redonner du pouvoir aux représentants des salariés. Cela passe par l'octroi de plus de moyens (et de droits) aux CHSCT (comités d'hygiène, de sécurité et des conditions de travail). Cette démarche s'inscrirait dans une refonte globale du gouvernement d'entreprise où les comités d'entreprise se verraient accorder des droits renforcés sur l'ensemble des questions touchant à la vie des salariés (voir chapitre 7).

Le problème est que, souvent, les PME et les TPE restent en dehors du mouvement. La procédure du mandatement introduite dans les négociations sur le temps de travail dans le cadre des lois Aubry pourrait être étendue aux conditions de travail. On pourrait aussi envisager, sur les zones d'activité, une représentation transversale aux entreprises. C'est également à travers le monde associatif – à l'instar de l'ANDEVA pour l'amiante – qu'une voie peut se construire, utilisant par exemple le levier majeur que représente le *name and shame* (dénonciation publique) pour faire bouger les entreprises.

La question du rôle de la puissance publique est par ailleurs essentielle. Dans la plupart des champs touchant au travail (organisation du travail, risques et santé, formation), on voit fleurir les discours autour de l'idée d'un État « modeste » (faute de moyens financiers et de pouvoirs effectifs d'intervention). Au nom de la primauté du dialogue social, nombre de décisions, réglementaires ou financières, sont renvoyées aux partenaires sociaux, ce qui n'empêche pas ce même État modeste de piquer dans la caisse (dans les fonds de la formation professionnelle, du logement…). Il faut revenir à d'autres règles, à d'autres combinaisons entre les responsabilités des uns et des autres.

L'État édicte les normes et contrôle leur application. La santé et plus largement le bien-être au travail sont des questions d'intérêt public, qui relèvent, comme disent les économistes, d'externalités positives ou négatives. Les mesures utiles sont proposées depuis plusieurs années par les acteurs de la santé et de la sécurité au travail. Les débats actuels sur la sécurité des médicaments et sur l'indépendance des autorités sanitaires doivent inspirer le débat sur la santé au travail. Des organisations comme l'INRS (Institut national de recherche et de sécurité) ou l'ANACT (Agence nationale pour l'amélioration des conditions de travail) ne doivent pas être contraintes par le jeu des pouvoirs privés et doivent pouvoir largement irriguer les entreprises de leurs conseils. L'inspection du travail a connu un affaiblissement de ses pouvoirs et de ses possibilités d'intervention. On peut les réhabiliter en bâtissant une véritable police du travail. Les impasses du modèle français de financement des risques au travail (la branche travail de la Sécurité sociale), qui conduisent à une mutualisation/déresponsabilisation des employeurs, seraient corrigées, en même temps que la responsabilité financière des donneurs d'ordres serait engagée.

Mais quelle est la crédibilité de ce modèle si l'État – employeur central, collectivités territoriales, opérateurs de l'État – déroge lui-même aux principales règles ? Combien d'enseignants ont expérimenté une visite médicale du travail régulière ? Combien d'empilements de CDD dans toutes les fonctions publiques ? Avec un taux de précarité des emplois largement supérieur à celui du secteur privé, la fonction publique hospitalière montre le mauvais exemple. L'amélioration du travail passe donc aussi par une nouvelle gestion des ressources humaines de l'État à tous les niveaux : il faut repenser le contenu du travail et redonner leur sens aux missions de service public.

L'État dispose par ailleurs d'un outil majeur pour influer sur nombre d'entreprises privées. En effet, le reflux de l'État de nombreuses activités s'accompagne d'une multiplication des délégations de service public. Or les marchés publics représentent souvent l'exemple de ce qui se fait de pire en matière de sous-traitance et de report des conditions de travail dégradées en dehors du cœur du salariat. Rien n'empêche, dans l'énoncé et la négociation des marchés publics, d'introduire des clauses relatives à la qualité des emplois et du travail. Cette exigence se déclinerait au niveau national, mais plus encore au niveau régional ou territorial. L'État demeure aussi actionnaire de nombreuses entreprises : il peut donc faire le choix d'influer en faveur du travail en leur sein. Ce nouveau positionnement de l'État – employeur, actionnaire, donneur d'ordres – ne nécessite même pas *a priori* un changement de majorité politique : la plupart des grandes collectivités locales sont tenues par des partis qui se revendiquent proches du monde du travail.

Il est temps de changer le travail. Au travail !

PROPOSITION N° 1 : Construire une véritable diplomatie internationale du travail dont l'Europe serait un des moteurs.

PROPOSITION N° 2 : Saisir l'occasion de la transition écologique pour faire des nouveaux emplois et métiers créés un outil de reconquête des conditions de travail et de la condition du travailleur.

PROPOSITION N° 3 : En France, remettre le travail au centre des préoccupations de l'État normalisateur, employeur et donneur d'ordres.

9

UN EMPLOI DE QUALITÉ POUR TOUS

Mireille Bruyère, Christine Erhel
et Sabina Issehnane

La crise actuelle a conduit à une dégradation de l'emploi. La sortie de crise ne pourra avoir lieu sans une réorientation radicale des politiques macroéconomiques (budgétaire, monétaire, fiscale…), mais aussi des politiques de l'emploi. Cependant, le retour au plein emploi ne se réduit pas aux créations d'emploi et à la baisse du nombre de chômeurs. Il doit articuler qualité de l'emploi et emploi pour tous. Trois dimensions sont analysées dans ce chapitre : l'évolution de l'emploi en France, l'emploi des jeunes et les politiques européennes de l'emploi.

L'EMPLOI FRAGMENTÉ ET LA RÉDUCTION DU TEMPS DE TRAVAIL

Malgré certaines périodes de baisse, le chômage se situe à un niveau élevé en France depuis le milieu des années 1980, oscillant entre 8 % et 12 %. C'est donc une situation de chômage massif et durable que connaît notre pays depuis presque trente ans. L'orthodoxie économique nous apprend que le chômage résulte d'un mauvais fonctionnement du marché du travail. Pour l'améliorer, selon la vision libérale aujourd'hui dominante, il faudrait baisser et flexibiliser le coût du travail, et inciter les demandeurs d'emploi à reprendre une activité. Cette conception envisage le marché du travail comme indépendant du reste du système économique et social. Le niveau de l'emploi et du chômage n'est jamais mis en lien avec le niveau et la structure de la demande globale de biens et services. Ainsi, il n'y aurait pas de problème de demande ; la baisse du chômage et la croissance ne seraient que les conséquences d'un bon fonctionnement du marché du travail – ce qualificatif de « bon » pouvant se résumer à la flexibilité des emplois et du coût du travail. Une telle vision néglige une dimension importante du dynamisme de l'emploi : l'évolution du volume de travail et sa répartition.

La flexibilité des emplois

L'idée selon laquelle c'est l'accroissement de la flexibilité de l'emploi qui permet de le préserver ou de l'augmenter inspire de nombreuses politiques de l'emploi depuis trois décennies. Celles-ci ont encouragé le développement de formes plus flexibles d'emploi. Le temps partiel s'est répandu à partir du milieu des années 1990 à la faveur d'un abattement des cotisations sociales employeurs. Il représente actuellement 17 % de l'emploi total en France – un taux inférieur à celui de l'Allemagne, du Royaume-Uni et des Pays-Bas, mais supérieur à celui de l'Espagne et de l'Italie[1]. Les embauches en contrats temporaires (CDD,

1. Les profondes réformes du marché du travail allemand ont développé les petits emplois de quelques heures par semaine (mini-jobs). Le Royaume-Uni se caractérise par des temps de travail très éclatés, avec de très nombreux temps partiels et des horaires longs. Le taux d'emploi et le temps partiel des femmes sont faibles en Italie comme en Espagne.

intérim ou contrats aidés) sont devenues la norme (8 embauches sur 10[1]), et ces contrats ne sont pas toujours des tremplins vers des CDI. Une part non négligeable des salariés concernés n'accèdent pas à un emploi stable et demeurent coincés dans la précarité. Ces formes précaires d'emploi touchent plus fréquemment les jeunes (contrats temporaires), les moins qualifiés et les femmes (temps partiel).

Au final, en France comme dans la plupart des pays européens, les marchés du travail sont devenus plus flexibles. Pour autant, le chômage massif n'a pas disparu : il est resté supérieur à 8 % en France et avoisine aujourd'hui les 10 %. Les formes d'emploi flexibles ont permis aux entreprises de segmenter la main-d'œuvre et d'encourager la concurrence entre ces différents segments. La structure de l'emploi s'est donc vue transformée par ce fractionnement, mais sans que cela ait contribué à une création nette d'emplois ni à une baisse durable du chômage.

La flexibilité du coût du travail

Le deuxième grand axe de réforme du marché du travail concerne le coût du travail. Poursuivant l'idéal-type d'un marché ordinaire de biens, les réformes ont cherché d'une part à réduire ce coût, jugé trop élevé pour l'emploi non qualifié, d'autre part à inciter les personnes cherchant un emploi à accepter des offres faiblement rémunérées.

Sur le premier point, ce sont les cotisations sociales employeurs qui ont été la variable d'ajustement, la baisse des salaires directs étant une voie politiquement

1. Même si 87 % des personnes en emploi ont un CDI.

impraticable. Le périmètre des exonérations des cotisations sociales employeurs sur les bas salaires n'a cessé d'augmenter depuis leur création au milieu des années 1990. Depuis 2003, elles sont maximales au niveau du Smic et diminuent progressivement, jusqu'à disparaître pour un salaire supérieur à 60 % du Smic. Elles coûtent à l'État plus de 20 milliards d'euros par an. Les évaluations de l'impact sur l'emploi de cette politique divergent (entre 100 000 et 600 000 emplois), mais les plus récentes font état de 100 000 emplois créés[1]. Un chiffre bien modeste au vu de l'importance du coût pour les finances de l'État et de la Sécurité sociale. Dans le même temps, la structure des salaires s'est considérablement tassée au cours des vingt dernières années. D'une part, le Smic horaire a augmenté rapidement, en particulier après la mise en place des 35 heures ; d'autre part, les exonérations de cotisations sociales ont rendu plus « coûteuses » pour les employeurs les augmentations des salaires situés au-dessus du Smic. Ces politiques ont donc très certainement contribué à développer les emplois faiblement rémunérés, même pour des postes qualifiés. La part des personnes payées au Smic est passée de 11 % à plus de 17 % entre 2002 et 2007[2]. La pression des exonérations de cotisations sociales sur les rémunérations

1. Voir Islem Gafsi, Yannick L'Horty et Ferhat Mihoubi, « Allégement du coût du travail et emploi peu qualifié : une réévaluation », EPEE, Université d'Évry Val-d'Essonne, 2004, et Matthieu Bunel et Yannick L'Horty, « Les effets des allégements de cotisations sociales sur l'emploi et les salaires : une évaluation de la réforme de 2003 », *Économie et Statistique*, n° 429-430, 2009.

2. La dégradation du marché de l'emploi depuis 2008 a inversé la tendance. Les pertes d'emplois se concentrent sur l'emploi non qualifié, surtout dans l'industrie. Ainsi, la part des salariés payés

amplifie celle qu'exerce déjà le chômage massif. En effet, on constate traditionnellement que les salaires progressent moins vite dans les pays qui connaissent un taux de chômage élevé.

Par ailleurs, plus récemment (à partir des années 2000), sous l'influence des idées de l'OCDE et de la Commission européenne, reprises en France dans les rapports du Conseil d'analyse économique, de nouveaux dispositifs ont tenté d'accroître l'offre de travail par des systèmes d'incitation financière et des mesures de contrôle. L'objectif affiché est d'encourager une offre de travail jugée peu encline à accepter des emplois faiblement rémunérés, mais aussi de ramener une partie des inactifs vers l'activité. Reposant sur la théorie des goulots d'étranglement de la croissance, ces mesures ont instauré des incitations à la reprise d'emploi (prime pour l'emploi, revenu de solidarité active), facilité les heures supplémentaires, cherché à augmenter le taux d'emploi des seniors en reculant l'âge de la retraite et contrôlé plus fortement les chômeurs indemnisés. S'est ainsi poursuivi le développement du segment le plus précaire de l'emploi.

La réduction du temps de travail

Ce marché du travail plus flexible n'a pas eu pour conséquence une baisse du chômage massif. L'emploi ne peut être considéré comme le résultat unique d'une confrontation de l'offre et de la demande sur le marché du travail. Les variables macroéconomiques

au Smic a diminué depuis 2008, non pas parce que les salaires ont augmenté, mais parce qu'une fraction des salariés payés au Smic ont perdu leur emploi.

de long terme telles la productivité du travail, la répartition de la valeur ajoutée ou la durée du travail sont déterminantes dans l'apparition du chômage.

Sur longue période, la progression de la productivité du travail a bénéficié à deux volets : la baisse du temps de travail et l'augmentation du niveau de vie. Résultat des confrontations sociales et politiques dans le processus de création et de répartition des richesses, le chômage exprime la répartition des gains de productivité entre la durée du travail et la croissance du PIB. À partir de la révolution industrielle, le développement économique s'est traduit par une baisse considérable de la durée du travail – elle a été divisée par deux. Cette tendance séculaire est synonyme de progrès social. Les 35 heures s'inscrivent dans ce mouvement. Nous sommes passés d'une période exceptionnelle – les Trente Glorieuses, de 1949 à 1974 – marquée par une forte croissance (5,4 % par an) et des gains de productivité élevés (5,7 % par an) à une période (1984-2007) marquée par des taux annuels moyens de croissance et de productivité beaucoup plus faibles (respectivement 2,2 % et 2 %). Les années 1974-1984 ont donc constitué une phase de transition entre deux régimes, caractérisée par l'apparition du chômage massif et durable qui en a été la conséquence[1].

L'évolution de la durée du travail a joué un rôle essentiel dans cette transition. La mise en place des 35 heures à la fin des années 1990 a permis d'importantes créations d'emplois. Les études récentes s'accordent sur le chiffre d'environ 350 000 emplois créés. De manière plus générale, entre 1997 et 2002

1. Voir Michel Husson, « 60 ans d'emploi », *in* IRES, *La France du travail*, *op. cit.*

plus de 2 millions d'emplois ont été créés, soit la plus forte création d'emplois sur une période aussi courte depuis soixante ans. Bien sûr, cette « performance » est aussi le résultat d'une bonne conjoncture internationale, d'un taux de change favorable et d'une politique budgétaire moins restrictive.

La France n'est pas le pays d'Europe où la durée du travail est la plus basse ; elle se trouve plutôt dans une position intermédiaire[1]. La durée hebdomadaire habituelle moyenne est en 2010 de 38 heures, contre 35,7 heures outre-Rhin et 36,4 heures de l'autre côté de la Manche. Dans les autres pays européens, sur longue période, la durée du travail a aussi beaucoup baissé. Mais, à la différence de la France, cela s'est fait de manière individuelle, par le développement des temps partiels. Le taux de chômage dans ces pays a donc diminué également, mais les emplois créés sont en grande partie de mauvaise qualité (bas salaires et temps partiels courts). Durant la crise, le volume de travail a chuté en même temps que le PIB ; les pays qui ont connu les moins mauvaises évolutions de l'emploi sont ceux qui ont réduit la durée du travail par le biais du chômage partiel. C'est le cas de l'Allemagne et, dans une moindre mesure, de l'Italie, ou encore du Danemark et de la Finlande. Le nombre d'heures de travail y a été réduit durant la crise grâce à des accords au sein des entreprises pour préserver l'emploi.

1. Pour une comparaison des durées annuelles effectives de travail sur une base commune, voir Mireille Bruyère, Odile Chagny, Valérie Ulrich, Serge Zilberman, « Comparaisons internationales de la durée du travail pour sept pays en 2004 : la place de la France », *Données sociales 2006*, Insee Références, 2006.

L'EMPLOI DES JEUNES DANS LA CRISE

Dans de nombreux pays européens, la crise a aggravé les difficultés d'insertion des jeunes. Leurs conditions d'accès à l'emploi se sont dégradées et leur stabilisation sur le marché du travail a été fragilisée. Le taux de chômage des 15-24 ans en France est passé de 19,1 % en 2008 à 23,7 % en 2009, tandis que le taux de chômage total passait de 7,4 % à 9,1 %. Les effets de la crise se font sentir sur l'ensemble de la population, mais ils sont particulièrement marqués chez les jeunes. Leur taux de chômage surréagit aux évolutions conjoncturelles. L'Espagne, longtemps considérée comme le bon élève de l'Europe, a connu une croissance exponentielle de son taux de chômage, notamment celui des jeunes, qui dépasse les 45 % depuis mai 2011. Les jeunes Espagnols, principale variable d'ajustement du marché du travail, font face à une très forte précarité, cumulant des contrats temporaires (le taux le plus élevé d'Europe) et de très bas salaires. Pas étonnant qu'ils se déclarent « indignés » !

En France non plus les jeunes ne sont pas épargnés par la précarité. Pour 70 % des jeunes qui sortent de formation initiale, le premier emploi est temporaire (CDD, intérim ou contrat aidé). Près de 50 % des 15-24 ans en emploi salarié occupent un emploi précaire. En 2010, parmi les jeunes ayant fini leurs études initiales en 2007, 77 % avaient un emploi, mais 13 % étaient encore au chômage et 20 % étaient inactifs (en reprise d'études pour certains). Pour ceux qui occupaient un emploi, c'était dans 40 % des cas un emploi précaire.

Face au chômage des jeunes, les pouvoirs publics ont développé des dispositifs spécifiques. Ces mesures sont devenues une composante structurelle du processus d'insertion des jeunes. En 2010, parmi les emplois occupés par des jeunes, un sur quatre était un emploi aidé, contre 3,3 % en 1975. Chez les jeunes non qualifiés, cette part s'élevait à plus de un sur deux. Les politiques actives d'emploi et de formation professionnelle destinées aux jeunes contribuent ainsi à institutionnaliser une étape supplémentaire dans le processus d'insertion. Elles sont depuis longtemps fondées sur une diminution du coût du travail. Aujourd'hui, l'accent est mis sur les mesures dites de « professionnalisation ». L'activation est devenue une condition *sine qua non* de toute politique d'emploi ; or elle n'est pas sans conséquences pour la situation financière des jeunes.

Des politiques visant à la baisse du coût du travail des jeunes

Les mesures destinées aux jeunes reposent généralement sur le postulat qu'ils ont une productivité plus faible que leurs aînés expérimentés ; leur coût salarial serait donc trop élevé par rapport à leur niveau de productivité à l'embauche. Cette faible productivité serait due à un manque d'expérience professionnelle ou à une formation insuffisante. Selon la théorie standard, il faudrait alors déconnecter le coût du travail des jeunes de celui des adultes. Cette mesure peut prendre deux formes principales : l'instauration d'un « Smic jeunes » et des dispositifs spécifiques d'allégement des cotisations sociales pour les employeurs qui embauchent des jeunes. Les politiques d'emploi actives destinées aux jeunes (contrats en alternance, emplois aidés non marchands ou marchands) intègrent des baisses du coût salarial pour les jeunes par le biais d'exonérations de cotisations sociales et/ou le versement de subventions aux employeurs. Or la littérature empirique ne permet pas de conclure que le chômage est lié à un coût du travail excessif. En ce qui concerne les emplois aidés marchands, il n'existe aucun moyen d'évaluer les effets d'aubaine liés aux subventions à l'embauche. Quant aux emplois aidés du secteur non marchand, même s'ils sont une façon, pour les personnes les plus en difficulté, de ne pas rester durablement éloignées de l'emploi, ils risquent d'être stigmatisés par ces dispositifs. Surtout, ils se substituent à de nombreux postes de la fonction publique.

La « professionnalisation » en question

Le développement de la professionnalisation à tous les niveaux, notamment au sein de l'enseignement supérieur, est devenu un objectif central des pouvoirs publics. D'un côté, l'apprentissage, longtemps décrié, s'installe dans le supérieur. D'un autre côté, les stages sont désormais une étape quasi obligatoire pour les jeunes avant l'entrée dans la vie active. Leur multiplication, qui permet à certaines entreprises de disposer d'un volant temporaire de main-d'œuvre qualifiée sous-payée, et donc de compenser l'absence d'une partie du personnel, a soulevé de vives polémiques, sous l'impulsion, entre autres, du mouvement Génération précaire.

Différents rapports institutionnels, comme le rapport Hetzel (2006) ou le rapport Lunel (2007), ont incité au rapprochement entre le système éducatif et le monde du travail afin d'améliorer l'adéquation entre les qualifications des jeunes et les besoins des entreprises. Ce mouvement de professionnalisation vise avant tout à soumettre les savoirs enseignés dans le supérieur – l'« offre de formation » – aux attentes des entreprises. Diverses réformes, promues par l'OCDE et l'UE, ont touché le système d'enseignement supérieur ces dernières années : la réforme LMD (licence-master-doctorat) en 2002, la loi LRU (loi relative aux libertés et responsabilités des universités) en 2007, le plan « Réussite en licence » (2008-2012). Ce dernier met en opposition les « connaissances » délivrées par l'enseignement universitaire et les « compétences » nécessaires à la satisfaction des besoins du monde économique.

Toutes ces réformes découlent du processus de Bologne (1999), qui vise à créer un « modèle européen de l'enseignement supérieur », et de la stratégie de Lisbonne. Il s'agit de renforcer la « performance » des systèmes éducatifs à travers une mise en concurrence des établissements et une intensification de la « professionnalisation » de l'enseignement supérieur. La formation des jeunes doit désormais répondre à des considérations économiques. Le risque est grand que le système renforce les inégalités initiales au lieu de les réduire.

L'activation au service de la pauvreté des jeunes

On a assisté à l'émergence d'un discours européen commun dans les rapports de l'OCDE : il faut accentuer les « politiques d'activation ». Les jeunes ne sont pas épargnés par ce mouvement. La question de la responsabilité individuelle est au cœur de la promotion d'un État social actif. Toute protection sociale est considérée comme décourageant la recherche de travail. Or les jeunes, en tant que primo-demandeurs d'emploi, ne disposent que de faibles ressources financières. Le taux de pauvreté des 18-24 ans s'élève à plus de 20 %. L'extension du RSA à certains jeunes de moins de 25 ans (ayant travaillé au moins deux ans à plein temps au cours des trois dernières années) n'a bénéficié qu'à 9 000 jeunes en mars 2011, soit 5 % de l'objectif prétendument fixé. Ce dispositif a davantage été un coup de com' qu'une réelle prise en compte de la pauvreté monétaire des jeunes.

Ces politiques actives destinées aux jeunes reposent sur l'idée que le chômage des jeunes est essentiellement dû à un problème d'appariement. Force est de constater qu'elles n'ont pas permis de résorber ce chômage, ni d'améliorer l'accès des jeunes à un emploi durable et de qualité. En réalité, les conditions d'insertion professionnelle des jeunes dépendent avant tout de l'état de la conjoncture économique.

LES ORIENTATIONS DES POLITIQUES DE L'EMPLOI : UN ENJEU EUROPÉEN

Les réformes du marché du travail des années 1990 et 2000 : un paradigme commun aux fondements théoriques et empiriques discutables

Les réformes du marché du travail conduites dans les divers pays de l'OCDE et de l'Union européenne depuis les années 1980 présentent de nombreux points communs, même si des différences liées aux traditions et aux institutions nationales persistent. Ainsi, dans la plupart des pays, les dispositifs d'indemnisation du chômage ont été rendus moins généreux et plus incitatifs à un retour rapide à l'emploi ; les prestations sociales (revenu minimum en particulier) et les systèmes d'imposition ont été réformés afin de « rendre le travail payant » (« *making work pay* »). De manière générale, la priorité a été donnée aux mesures « actives », visant à créer des emplois et à accompagner le retour à l'emploi, plutôt qu'aux dispositifs d'indemnisation. En France, les institutions elles-mêmes ont été transformées : mise en place de « guichets uniques » regroupant l'indemnisation et l'aide à la recherche d'emploi, privatisation partielle de certains services, sous-traitance de prestations d'orientation autrefois animées par l'ANPE. Par ailleurs, la flexibilité du marché du travail a été accrue grâce à des réformes du droit du travail affaiblissant les protections des salariés, notamment en cas de licenciement.

Ces réformes ne sont pas apparues par hasard. Elles trouvent leur inspiration dans les théories économiques en vogue dans les années 1980 et 1990, qui mettent l'accent sur le rôle des institutions du marché du travail dans l'origine du chômage. Le message principal est le suivant : le chômage est d'autant plus élevé que les salariés sont protégés, car leur protection leur confère du pouvoir dans la négociation et les rend plus exigeants sur les salaires. Les conséquences en termes de politique économique sont claires : il faut réduire les protections et indemnisations (assurance chômage, indemnités de licenciement, syndicats…) afin de limiter les exigences salariales et de faire baisser le chômage. Seules les politiques actives de l'emploi, parce qu'elles rendent les chômeurs plus compétitifs, peuvent avoir des effets favorables.

Par ailleurs, l'idée selon laquelle les ménages doivent être incités à travailler par des mécanismes financiers (crédit d'impôt, prime à la reprise d'emploi, sanctions pour les chômeurs ne recherchant pas activement un emploi...) s'appuie sur plusieurs références. Outre la théorie néoclassique de l'offre de travail, elle renvoie à un renforcement de la responsabilité individuelle par rapport à la responsabilité collective, par exemple dans le cadre des approches de l'« État social actif » (Anthony Giddens). Enfin, sous l'influence de l'ordolibéralisme allemand, les politiques sociales sont cantonnées dans le rôle consistant à garantir le fonctionnement du marché du travail. La « protection sociale » est alors synonyme d'un accès garanti au marché du travail.

Comprendre l'origine du tournant qui a donné la prééminence à ces analyses du chômage d'équilibre et du chômage volontaire est complexe. Des facteurs internes au champ de l'économie ont pu jouer, en particulier l'affaiblissement de la pensée keynésienne, mais également des facteurs politiques, avec des jeux d'influences au sein des organismes internationaux, souvent dominés par les pays anglo-saxons, dans lesquels les idées libérales ont triomphé dans la seconde moitié des années 1980.

Sur le terrain, en revanche, il n'existe pas de preuves que ces réformes aient réussi à faire diminuer le chômage. Les études empiriques tirées des modèles de chômage d'équilibre peinent à établir des relations solides entre niveau du chômage et institutions du marché du travail. Parmi les pays à chômage faible dans les années 2000, on trouve aussi bien les États-Unis et le Royaume-Uni que les pays scandinaves et les Pays-Bas. Or, dans ces pays européens, l'indemnisation du chômage et les politiques sociales demeurent généreuses et le marché du travail est assez fortement régulé. Plus récemment, face à la crise qui s'est déclenchée en 2007, certains marchés du travail caractérisés par un niveau de régulation élevé ont plutôt bien résisté (Allemagne, Pays-Bas, Autriche). Même l'OCDE a conclu à l'existence de plusieurs modèles conduisant à de bonnes performances en matière de chômage et d'emploi (*Perspectives de l'emploi*, 2006).

La Stratégie européenne pour l'emploi : des promesses non tenues ?

Les politiques de l'emploi et la régulation du marché du travail sont principalement définies au niveau national. Toutefois, d'autres échelons territoriaux interviennent, au niveau décentralisé (en France, les Régions ont la responsabilité de l'apprentissage et de la formation professionnelle depuis 2004) et au niveau supranational. Ainsi, les textes internationaux tels que la convention de l'OIT ou la Charte communautaire des droits sociaux fondamentaux des travailleurs peuvent influencer les normes nationales. De plus, l'Union européenne est depuis 1997 un acteur des politiques de l'emploi au travers de la Stratégie européenne pour l'emploi (SEE).

La SEE s'est construite sur l'intention louable de rééquilibrer le projet de construction européenne, focalisé sur les questions monétaires depuis la signature du traité de Maastricht, en l'ouvrant aux enjeux en matière d'emploi. À partir du traité d'Amsterdam de 1997, l'emploi est considéré comme une « question d'intérêt commun », même si les politiques du marché du travail demeurent une compétence nationale en vertu du principe de subsidiarité. Par conséquent, l'intervention de l'Union vise principalement la coordination des politiques nationales *via* plusieurs types d'outils : les « lignes directrices pour l'emploi » fixent des objectifs communs à atteindre à un horizon pluriannuel ; les plans nationaux d'action pour l'emploi (intégrés aux plans nationaux de réforme depuis 2005) doivent mettre en évidence les outils déployés dans les États membres pour atteindre ces objectifs et sont discutés avec la Commission ; des procédures d'« apprentissage mutuel » sur les expériences nationales sont mises en place afin d'améliorer au sein de l'Union la circulation de l'information sur les pratiques en matière de politique de l'emploi. Depuis 2000, la SEE est articulée avec la stratégie de Lisbonne – devenue en 2010 la stratégie Europe 2020 –, qui vise plus largement à coordonner les politiques économiques et sociales de l'Union.

La SEE représente un outil innovant de coordination des politiques publiques, et à ce titre elle est abondamment étudiée et débattue dans la littérature académique de science politique. Ses effets sur la diffusion des idées au sein de l'UE ont été mis en évidence par de nombreux travaux empiriques, même s'il n'est jamais aisé d'isoler cette influence d'autres facteurs (notamment le rôle de l'OCDE). Par exemple, elle semble avoir beaucoup favorisé l'émergence de la question de l'égalité de genre et de celle de l'emploi des femmes dans des pays encore dominés par des retraits massifs d'activité des mères.

Toutefois, la SEE souffre d'importantes limites.

Bien que son origine intellectuelle et politique se situe du côté de la social-démocratie (l'un de ses principaux instigateurs fut Allan Larsson, directeur général à l'emploi de la Commission européenne de 1995 à 2000 et membre du parti social-démocrate suédois), elle se situe dans la droite ligne du paradigme de l'« activation », affichant comme principaux objectifs chiffrés des taux d'emploi (70 % pour les 15-64 ans, 60 % pour les femmes, 50 % pour les seniors) et reprenant dans ses grandes lignes le vocabulaire du *making work pay*. Dans le même temps, elle introduit également des thématiques plus progressistes, comme l'égalité hommes-femmes, la conciliation de la vie familiale et de la vie professionnelle ou la « qualité de l'emploi ».

Toutefois, son ambiguïté conceptuelle constitue une faiblesse, en particulier dans un contexte politique marqué par le recul de la social-démocratie en Europe et l'hétérogénéité accrue des politiques nationales à cause de l'élargissement. De fait, la réforme de la stratégie de Lisbonne en 2005 a fusionné les lignes directrices pour l'emploi avec les grandes orientations de politique économique. Cela a eu pour effet de marginaliser les premières, de plus en plus souvent traitées au travers du prisme de la « flexicurité » – qui pose la combinaison d'un marché du travail flexible et de politiques de l'emploi sécurisant les trajectoires –, considérée comme garante de bonnes performances économiques et sociales (rapport 2007). La stratégie Europe 2020 n'infléchit pas ces tendances : seules deux de ses lignes directrices concernent l'emploi, et la notion de « flexicurité » y occupe toujours une place de choix.

De plus, la SEE est bornée par sa nature de « droit souple » (*soft law*), non contraignant, à la différence des interventions par le biais des directives (qui s'imposent en principe aux États), et elle ne s'appuie sur aucun budget propre. Des outils budgétaires en lien avec les politiques de l'emploi existent pourtant au sein de l'UE : les fonds structurels poursuivent des objectifs de création d'emplois ou de maintien de l'emploi, et à ce titre financent certaines politiques de l'emploi ou politiques de développement régional (FSE, FEDER) ; le Fonds européen d'ajustement à la mondialisation, créé en 2007, peut apporter des financements pour des formations et des actions de reconversion dans le cas de restructurations économiques. Mais ces outils ne sont que faiblement reliés aux objectifs de la SEE et ne permettent pas la construction d'une solidarité minimale entre les pays pour faire face aux aléas conjoncturels (et aux écarts très importants entre les situations sur les différents marchés du travail nationaux).

PROPOSITIONS POUR UN NOUVEAU PLEIN EMPLOI

L'objectif de plein emploi ne doit pas se limiter à un objectif de baisse du chômage. Il doit en même temps améliorer la qualité de l'emploi en faisant reculer ses formes précaires et en assurant à tous de bonnes conditions de travail, une formation tout au long de la vie et des évolutions salariales. Enfin, il doit combattre les discriminations qui existent sur le marché du travail envers les jeunes, les femmes, les moins qualifiés et les plus âgés.

La baisse de la durée *collective* du travail est un des outils incontournables de lutte contre le chômage. Une mesure urgente est donc de limiter le recours aux heures supplémentaires – en supprimant leur défiscalisation, en diminuant leur contingent annuel et en augmentant leur rémunération. Cette politique doit aussi s'appuyer sur des dispositifs garantissant la qualité des horaires de travail. Une stratégie plus ambitieuse ou s'inscrivant sur le plus long terme entend faire de la RTT le pivot central de la politique de l'emploi en réduisant encore la durée légale du travail.

Plus globalement, qu'elle soit immédiate ou à venir, la réduction du temps de travail est nécessaire à plus d'un titre. D'abord, comme elle est collective, elle permet de faire baisser le chômage sans fractionner l'emploi ni précariser une partie des salariés. Ensuite, pour certaines catégories de salariés occupant des emplois pénibles, elle représente une mesure de santé publique. Enfin, elle pourrait faire le lien avec les enjeux écologiques en restreignant la part du travail marchand dans la vie de chacun. Loin de conduire à l'oisiveté – comme le suppose la théorie économique standard, qui confond non-emploi et oisiveté –, elle ouvrirait au contraire la voie à un développement d'activités non marchandes étrangères aux impératifs de la rentabilité immédiate.

Une politique d'aide à l'emploi des jeunes passe par la création d'emplois pérennes dans la fonction publique. Une véritable politique de formation doit s'appuyer sur un système éducatif auquel on fournit de réels moyens : augmentation du budget et du nombre d'enseignants. Une aide à l'insertion professionnelle des jeunes doit se traduire avant tout par une prise en compte de leurs conditions sociales, en instaurant notamment une allocation d'études et d'insertion qui permette à chaque jeune de poursuivre des études et de s'insérer dans le monde du travail. Enfin, il est urgent d'encadrer les stages pour éviter leur utilisation abusive par certaines entreprises.

Les politiques européennes de l'emploi doivent remettre sur le devant de la scène l'idée d'*emploi de qualité*, énoncée en 2000-2001 et depuis marginalisée dans les textes européens. Contrairement aux orientations actuelles du Pacte pour l'euro, qui conduisent à n'envisager les politiques d'emploi et les politiques sociales que sous l'angle des contraintes financières qui s'imposent à elles, la lutte contre le chômage et une dynamique de création d'emplois de qualité doivent être affirmées comme un objectif prioritaire. Cet objectif vaut d'abord pour les politiques nationales, qui demeurent hétérogènes et qu'il ne s'agit pas d'homogénéiser. Mais il vaut également pour une politique européenne de l'emploi, qui reste à inventer. Celle-ci peut s'appuyer sur la fixation (par des directives) de normes minimales de qualité telles qu'un salaire minimum européen (établi en pour cent du salaire médian national) ou encore de véritables règles concernant les conditions de travail (horaires, sécurité) afin d'éviter le dumping social. Elle peut également créer des mécanismes de solidarité bénéficiant aux États qui subissent un choc en matière de chômage, par des aides à la reconversion ou à l'accompagnement des chômeurs financées sur un budget européen. Les dispositifs de financement existants (fonds structurels, Fonds européen d'ajustement à la mondialisation) sont en effet insuffisants et sous-utilisés en période de crise du fait de règles d'attribution trop complexes.

> PROPOSITION N° 1 : Limiter immédiatement le recours aux heures supplémentaires en supprimant leur défisca lisation, et réaliser le passage aux 35 heures dans toutes les entreprises ; à plus long terme, poursuivre la réduc tion de la durée du travail.

PROPOSITION N° 2 : Mettre en place une allocation d'études et d'insertion inconditionnelle pour les jeunes.

PROPOSITION N° 3 : Œuvrer pour un salaire minimum européen (établi en pourcentage du salaire médian national).

10

POUR UN SYSTÈME DE FINANCEMENT ÉMANCIPÉ DES MARCHÉS FINANCIERS

Frédéric Boccara, Edwin Le Héron et Dominique Plihon

Depuis le début des années 1980, le capitalisme financiarisé a profondément modifié le système bancaire et financier des pays développés, le rendant totalement dépendant des marchés. Une fois de plus, l'efficience et l'autorégulation de ces derniers n'ont pas été au rendez-vous, nous conduisant à une succession de crises (*junk bonds*[1], bulle Internet, *subprimes*, dettes publiques). Celle qui s'est déclenchée en 2008 et qui touche l'économie réelle est la plus grave depuis la crise de 1929. Il est temps de repenser l'organisation du crédit, de réorienter les banques vers leur vrai métier et de revoir le fonctionnement de la Banque centrale européenne ainsi que sa politique monétaire.

UNE NOUVELLE ORGANISATION DU CRÉDIT

En s'éloignant de leur métier, qui consistait, par l'attribution de crédits aux entreprises et aux ménages,

1. Aux États-Unis, les entreprises se financent en émettant des obligations. Les plus risqués de ces titres (les obligations pourries) donnent lieu à une intense activité spéculative, avec des crises récurrentes, comme en 1989 et en 2001.

à évaluer et à porter les risques, les banques ont été perverties par la finance de marché.

Les banques, perverties par la finance, s'éloignent de leur métier originel

Depuis les débuts de la globalisation financière il y a trois décennies, le secteur de la banque a subi une double transformation qui a bouleversé son rôle et sa place dans nos économies. En premier lieu, le contenu de l'activité des banques s'est profondément élargi et modifié. Le métier de banque de détail, qui était le cœur de l'activité bancaire et qui consiste à distribuer des crédits et à collecter des dépôts, a vu sa part décroître. Nous sommes désormais en présence de conglomérats financiers de taille considérable, tels BNP Paribas, Société Générale ou HSBC, actifs dans tous les métiers de la finance : actuellement, ils sont présents dans une soixantaine de métiers différents allant du financement du crédit-bail au LBO et à la gestion des SICAV[1], en passant par les opérations d'assurance.

L'un des principaux changements a été le développement de la finance de marché : les banques se sont ruées sur la Bourse ainsi que sur les marchés de

1. Crédit-bail ou *leasing* : technique de crédit dans laquelle le prêteur offre à l'emprunteur la location d'un bien, assortie d'une promesse unilatérale de vente, qui peut se dénouer par le transfert de la propriété à l'emprunteur. LBO (*leveraged buy-out*) : technique qui permet à des investisseurs d'acheter des entreprises en s'endettant à des taux d'intérêt bas, la « restructuration » des entreprises en question devant payer cet endettement. SICAV : sociétés d'investissement à capital variable qui placent l'épargne des ménages sous forme de titres.

produits dérivés et structurés résultant notamment de la titrisation. Innovation financière majeure, la titrisation consiste à transformer des crédits bancaires en titres négociables sur un marché financier et vendus à des investisseurs, ce qui permet de transférer du crédit du bilan des banques vers celui d'institutions non bancaires (investisseurs). Les banques se sont ainsi éloignées du modèle traditionnel, dénommé *originate to hold*, dans lequel elles accordent les crédits et les gardent dans leur bilan en contrôlant le comportement et les résultats de l'emprunteur. La titrisation a favorisé l'adoption d'un modèle nouveau, le *originate, repackage and sell*, dans lequel ce sont certes les banques qui accordent les crédits, mais avec l'idée de les restructurer et de les vendre au plus vite. La titrisation supprime le suivi du risque bancaire et incite les banques à distribuer des crédits plus risqués avec des taux d'intérêt plus élevés. Au total, les banques remplissent de moins en moins leurs deux fonctions principales, qui sont de financer l'économie et de contrôler les risques. Ces fonctions sont transférées aux marchés, dont la crise a montré qu'ils avaient le plus grand mal à évaluer correctement les risques sous-jacents aux actifs financiers.

Les grandes banques françaises font aujourd'hui une part importante de leurs résultats (entre un tiers et la moitié) grâce à leurs activités de marché. Ces opérations ont fait grimper leurs taux de rentabilité. Or il s'agit le plus souvent d'opérations de nature spéculative, qui ne créent aucune richesse et impliquent de grosses prises de risque. De plus, elles sont opaques, se déroulent sur des marchés de gré à gré non régulés et échappent à tout contrôle des autorités. Ces activités ont proliféré comme la gangrène et constituent ce qu'on appelle le *shadow banking* (la « banque de l'ombre »), qui a joué un rôle central dans la crise des *subprimes*.

Le deuxième changement majeur qui a touché les systèmes bancaires a été l'augmentation rapide de la taille des banques à la suite d'opérations de fusion et acquisition à grande échelle. En France, on peut citer les fusions BNP Paribas, Crédit Agriccole-Crédit Lyonnais, ou encore, plus récemment, Caisses d'Épargne-Banques Populaires. Les actifs des trois plus grandes banques représentent désormais plus de 250 % du PIB en France, 400 % au Royaume-Uni. Si les banques cherchent à grossir, c'est pour accroître leur rentabilité et leur pouvoir face aux marchés et aux autorités publiques. À l'occasion de la crise, elles ont encore grossi : BNP Paribas a racheté Fortis en pleine déconfiture, JPMorgan a avalé Bear Stearns en faillite… Ces mastodontes bancaires représentent aujourd'hui un danger pour la stabilité financière et un redoutable défi pour les États : ceux-ci ont été contraints de sauver un nombre important de groupes financiers, responsables de la crise mais « trop gros pour faire faillite », à coups d'injections massives d'argent public, ce afin d'éviter une crise systémique par effet de contagion.

Ainsi, nous pensons qu'il faut agir dans deux directions : encadrer et réguler l'activité des banques et des marchés financiers pour supprimer les dangers de la spéculation, et transformer l'action du système bancaire pour favoriser la création de richesse et l'activité économique.

Recentrer les banques sur la distribution du crédit pour une meilleure maîtrise des risques

Les transformations qui viennent d'être analysées ont entraîné une baisse de la part du crédit dans le financement de l'économie au profit des financements de marché : cette part ne représentait plus que 51 % des financements totaux dans la zone euro entre 2005 et 2009. Si le crédit bancaire prédomine encore dans la zone euro, on peut craindre que sa part ne continue de diminuer jusqu'aux niveaux très bas atteints aux États-Unis (18 % seulement), ce qui serait synonyme d'une hégémonie quasi absolue de la finance de marché. Une telle évolution n'est pas souhaitable pour le bon fonctionnement et la stabilité de la zone euro. Clairvoyant, John Maynard Keynes écrivait dans sa *Théorie générale*, publiée au lendemain de la grande crise de 1929 : « Le risque d'une prépondérance de la spéculation tend à grandir à mesure que l'organisation des marchés financiers progresse[1]. » En d'autres termes, quand les marchés et les acteurs financiers prennent une place trop importante, il y a une dérive inexorable vers la recherche prioritaire de gains financiers à court terme – c'est la spéculation – au détriment de la création de richesses et du développement à long terme – c'est-à-dire l'activité productive des entreprises.

Enrayer cette perversion des banques par la finance de marché constitue une impérieuse nécessité. Dans un article retentissant paru dans le *New York Times*, le prix Nobel d'économie américain Paul Krugman a conclu que, si l'on voulait ramener les banquiers

1. John Maynard Keynes, *Théorie générale de l'emploi, de l'intérêt et de la monnaie*, Paris, Payot, 1965, chapitre 12, p. 174.

à la raison, il fallait que le métier de banquier redevienne « ennuyeux[1] » – c'est-à-dire que les banques renouent avec leur rôle traditionnel, qui est de distribuer des crédits en évaluant et en portant les risques y afférant, et de gérer prudemment l'épargne des particuliers. Krugman remarque également que la situation actuelle de l'industrie bancaire est la même qu'au moment de la crise de 1929 : les banquiers avaient alors des salaires exorbitants qui provenaient d'une activité financière à haut risque. Et, à l'inverse, pendant la période des Trente Glorieuses, les banquiers ont joué un rôle efficace dans le financement de l'économie, bien que leur rémunération fût plutôt inférieure à celle des industriels.

Les principales mesures à prendre pour amener les banques à se recentrer sur leur « vrai » métier sont les suivantes :

1. séparer les activités des banques de détail, destinées à financer les entreprises et les ménages, et les activités des banques de marché et d'investissement. Cette mesure a été prise par le président Roosevelt en 1933 (c'était le *Glass-Steagall Act*[2]). Plusieurs réformes allant dans ce sens, mais beaucoup plus timides, ont été décidées aux États-Unis et au Royaume-Uni[3]. En revanche, aucun pays de la

1. Paul Krugman, « Making Banking Boring », *The New York Times*, 9 avril 2009.

2. Après avoir été contourné dès les années 1970, il a été abrogé le 12 novembre 1999 par le *Financial Services Modernization Act*, dit *Gramm-Leach-Bliley Act*. Et, les mêmes causes produisant les mêmes effets…

3. Aux États-Unis, ce fut le *Dodd-Frank Act*, voté en 2010 ; au Royaume-Uni, ce fut le rapport de la Banking Commission, présidée par Sir John Vickers, rapport repris par le gouvernement

zone euro n'a eu la volonté politique de prendre une telle décision, pourtant incontournable si l'on veut éviter que les grands groupes bancaires ne soient mis en danger par leurs activités de nature spéculative ;

2. réformer la gouvernance des banques pour passer du modèle actionnarial actuel (*shareholder*), dominé par la recherche de rentabilité financière, à un modèle participatif (*stakeholder*), gouverné par l'ensemble des parties prenantes (déposants, emprunteurs, salariés, actionnaires) et mieux adapté à la poursuite de l'intérêt général. Il s'agit de réduire la pression qu'exercent les investisseurs-actionnaires pour obtenir des rendements élevés, pression qui a conduit les banques à prendre des risques excessifs dans le passé ;

3. imposer de nouvelles normes aux banques afin qu'elles soient incitées à développer le crédit dans les secteurs prioritaires (réserves obligatoires sur les crédits différenciées selon le type de crédit). En sens inverse, le financement d'opérations spéculatives devrait être interdit. Les nouvelles normes décidées par le comité de Bâle en 2010 (Bâle III) sont très insuffisantes dans ce domaine et contribuent même à accroître les risques. Après qu'on eût tenté de limiter le crédit des banques par des réserves préalables d'or (XIXe siècle), puis par des réserves de monnaie de banque centrale (le monétarisme des années 1970-1980), la capacité des banques à distribuer du crédit dépend aujourd'hui de leurs fonds propres, donc, actuellement, de la rentabilité de leurs activités spéculatives et des marchés. Or la seule limite à la création monétaire et au crédit doit venir des banques

Cameron, mais dont la mise en application a été différée en 2018 sous la pression des lobbies de la City.

elles-mêmes à la suite d'une bonne analyse des risques et d'une sélection des projets utiles à la société ;

4. favoriser le développement de banques de proximité, telles les banques coopératives et éthiques, mieux adaptées au financement de petites entreprises ou de ménages à faibles revenus (microcrédits). Ces banques auraient bien sûr interdiction de financer ou d'avoir des activités spéculatives. Cela implique notamment d'alléger les exigences en fonds propres pour les banques de proximité, dont l'activité est généralement moins risquée ;

5. plafonner strictement la rémunération des banquiers et des traders pour supprimer les incitations à la prise de risque excessif et à la spéculation. Confrontés au très puissant lobby bancaire, les gouvernements n'ont pris aucune mesure significative en ce sens ;

6. instaurer une taxe sur les transactions financières pour réduire fortement la rentabilité de la spéculation. Cette taxe contribuerait en outre au financement de biens publics mondiaux, et pourrait en particulier aider les pays pauvres à prendre les mesures nécessaires pour lutter contre le réchauffement climatique ;

7. recréer un pôle bancaire et financier public afin de financer les collectivités locales[1], les PME, et d'engager la reconversion écologique et sociale de l'économie française.

1. Le scandale actuel des emprunts toxiques achetés par 5 500 collectivités locales françaises auprès de Dexia Crédit local en dit long sur les conséquences de la privatisation, en 1996, d'un service public – Crédit local de France – qui avait jusqu'alors toujours donné satisfaction.

Créer un pôle bancaire et financier public européen

La création d'un pôle bancaire public européen paraît essentielle pour deux séries de raisons. Tout d'abord, la monnaie et les systèmes de paiement gérés par les banques sont des biens publics, dont le rôle et l'utilité ont une dimension collective. Ensuite, la crise a démontré une nouvelle fois que la pérennité des banques ne peut être assurée sans une garantie apportée en dernier recours par les États et les contribuables. C'est ainsi que, dans la première phase de la crise des *subprimes* en 2008, un grand nombre de banques en difficulté ont reçu une aide directe des États sous forme de prêts, comme en France, ou de capitaux propres, comme au Royaume-Uni, où cela a conduit à la nationalisation des trois principales banques. La deuxième phase de la crise, celle des dettes publiques, qui résulte en grande partie de la socialisation des pertes sur les dettes privées, va à nouveau nécessiter l'intervention des États : ils vont devoir recapitaliser les banques fragilisées par les pertes subies sur les dettes souveraines des pays de la zone euro. Ces recapitalisations vont donner lieu à des prises de participation de l'État, et donc à des nationalisations totales ou partielles. Ainsi devrait se constituer un pôle bancaire public en Europe.

Une telle évolution est souhaitable. Outre le fait qu'elle permettra de sauver les banques en difficulté, elle pourrait être l'amorce d'une recomposition du système bancaire européen autour de banques capitalistes, coopératives et publiques dont les différentes logiques de fonctionnement permettraient de répondre aux besoins futurs de l'espace économique de la région. Les banques publiques et coopératives, bénéficiant d'un contrôle social, seraient mieux à même de satisfaire les besoins de financement des PME et des collectivités locales et de financer les investissements de long terme requis par la transition écologique. À côté de ces banques publiques, il serait bon que se développe un réseau d'institutions financières publiques jouant un rôle d'investisseurs de long terme. En France, il est essentiel de préserver la mission stratégique de la Caisse des dépôts et consignations, qui est d'orienter l'épargne des particuliers (livrets A) vers des investissements sociaux (logements) et industriels. La reprise par la Poste et la Caisse des dépôts de Dexia, banque spécialisée dans les prêts aux collectivités locales qui s'est retrouvée en faillite à la suite d'une politique financière dangereuse (emprunts toxiques), doit être l'occasion de recréer une banque publique pour les collectivités locales.

L'ensemble de ces mesures permettraient de faire de la banque une activité au service de l'intérêt général, et non une activité gouvernée dans l'intérêt d'une minorité, source d'instabilité et de graves nuisances pour la société, comme l'a illustré la période récente.

RÉFORMER LE SYSTÈME EUROPÉEN DE BANQUES CENTRALES POUR UNE AUTRE POLITIQUE MONÉTAIRE

La monnaie est et doit rester une affaire politique. Dans les années 1980, avec l'adoption d'un capitalisme financiarisé prônant une confiance absolue dans l'autorégulation par les marchés, a émergé l'idée d'indépendance des banques centrales ; elle a conduit au traité de Maastricht, qui s'est imposé à tous les pays de l'Union européenne. Toutefois, le degré d'indépendance des banques centrales n'a pas été le même partout en Europe, et deux modèles se sont dégagés. Dans la tradition allemande – qui a imprégné les statuts de la BCE –, l'ordre monétaire est séparé de l'ordre politique ; la monnaie est une simple question technique, économiquement neutre, et la banque centrale un établissement dont l'unique mission est de lutter contre l'inflation. Cette tradition exige une indépendance « totale » de la banque centrale, qui détermine et met en œuvre la politique monétaire seule, sans réel dialogue avec le gouvernement pour faire converger les différentes politiques économiques et sans véritable contrôle par le pouvoir politique. La tradition anglo-saxonne, elle (Banque d'Angleterre, Banque de Suède ou Réserve fédérale américaine), préfère la seule indépendance opérationnelle : le gouvernement délègue la politique monétaire et ses instruments à la banque centrale, mais continue d'en définir les objectifs, d'en évaluer la réussite, conserve la possibilité de la sanctionner et, dans des circonstances exceptionnelles, d'en reprendre le contrôle. Le système européen de banques centrales (SEBC), inspiré du modèle allemand et intégrant la BCE, est aujourd'hui dépassé, comme le montrent la crise économique et celle des dettes publiques que nous traversons actuellement. La BCE doit être réformée pour instaurer un mandat et un contrôle démocratiques et pour atteindre une meilleure efficacité de la politique monétaire, notamment pour plus d'emploi, une plus grande stabilité financière et la réduction du coût du financement des États.

Réformer l'indépendance pour plus de démocratie

Dotée d'une indépendance totale, sans contre-pouvoir, la BCE n'est pas une institution démocratique. Comme son mandat est issu d'un traité et non d'une loi, son changement doit être ratifié par les parlements des vingt-sept pays membres après un vote favorable du Conseil européen – une procédure extrêmement lourde et longue. De plus, si le traité de Maastricht impose aux gouvernements, avec le Pacte de stabilité et de croissance (PSC), une discipline chiffrée, rien de comparable n'existe pour la BCE, qui fixe seule sa cible d'inflation. Ni le Parlement, ni la Commission, ni le Conseil européens n'ont le moindre pouvoir sur le gouverneur (hormis lors de sa nomination) ou sur le conseil de politique monétaire de la BCE. L'indépendance du gouverneur est encore renforcée par son mandat de huit ans non renouvelable.

La responsabilisation (*accountability*) de la BCE est une question essentielle. La banque centrale ne doit pas uniquement « rendre compte » (être transparente), elle doit aussi « rendre des comptes », c'est-à-dire être responsable de ses résultats devant ses mandataires : le Conseil et le Parlement européens. Aujourd'hui, sans choix démocratique des objectifs, sans capacité de sanction et sans possibilité de reprise de contrôle en cas de conflit d'objectifs avec le Conseil européen, il n'y a pas de véritable responsabilisation.

Le Parlement européen devrait fixer par la loi les objectifs assignés à la BCE (emploi, inflation, taux de change), après un débat public et pour une durée de cinq ans. La BCE y gagnerait en légitimité. Le Parlement devrait également évaluer le respect de ces objectifs ; en cas de manquement, le gouverneur et les membres du directoire pourraient être remplacés sur décision du Conseil européen. L'important n'est pas la séparation des pouvoirs, mais leur équilibre.

La composition du conseil de politique monétaire devrait être modifiée pour réduire l'influence des banquiers centraux (aujourd'hui 17 voix) et donner la majorité à des membres nommés par le Conseil et le Parlement européens (actuellement 6). Afin d'assurer la pluralité des points de vue, ces membres devraient représenter les différentes parties prenantes, notamment les salariés, les consommateurs et les entreprises. La transparence des délibérations devrait être totale, avec une publication des minutes dans les trois semaines.

Redéfinir les objectifs de la politique monétaire

La politique monétaire est essentielle dans la régulation de l'activité économique et du système financier, l'équilibre des finances publiques (*via* les taux d'intérêt) et le maintien de la compétitivité de l'Union européenne (*via* le taux de change, la maîtrise de l'inflation et l'orientation des investissements). L'euro a permis d'éviter une crise des taux de change entre pays européens et a limité, avant la crise, la hausse des taux d'intérêt sur la dette de plusieurs pays membres, dont la France. Cependant, avec la radicalisation de la crise des dettes souveraines, la fragilité de cet édifice est aujourd'hui patente. La meilleure solution serait une coordination des politiques monétaires, prudentielles et budgétaires à l'échelle européenne afin de faire converger vers le haut les niveaux de développement. Une BCE refondée devrait ainsi coordonner la politique monétaire avec les autres politiques européennes (budgétaire, prudentielle, industrielle).

Cela passe à la fois par un dialogue permanent (réforme de l'article 108 du traité de Maastricht) avec les ministres de l'Économie des États (Ecofin) et par un élargissement des objectifs de la BCE, qui devraient inclure le niveau d'activité, le plein emploi et la stabilité monétaire et financière. Des indicateurs liés à ces objectifs devraient être établis et publiés, comme l'est aujourd'hui celui de l'inflation. Une surveillance macroprudentielle par le Système européen de banques centrales est nécessaire pour éviter le développement de bulles spéculatives et aider à la stabilisation du prix des actifs financiers. La réforme du Pacte de stabilité et de croissance est également une priorité : son caractère procyclique et inapplicable, renforcé avec le Pacte Euro+, aggrave la mauvaise coordination des politiques économiques. Ce n'est pas de nouvelles règles que nous avons besoin (une prétendue règle d'or constitutionnelle est totalement inadaptée), mais d'une meilleure anticipation et d'une meilleure coordination des politiques économiques à moyen terme.

Enfin, il faut revoir la question de la politique de change, dont, selon les traités, la compétence est partagée entre le Conseil et la BCE, mais qui est aujourd'hui abandonnée aux marchés. Une zone cible de change (limites acceptables tenues secrètes pour freiner la spéculation) devrait être déterminée et défendue. L'objectif est d'éviter, au niveau européen et mondial, des comportements non coopératifs (sous-évaluation compétitive). La recherche d'un régime de change coordonné au niveau mondial (FMI, G20), afin de lutter contre une trop grande volatilité et de fixer les taux à des niveaux adéquats, permettant d'éviter que certains pays n'aient une compétitivité trop favorable, doit être un objectif fort de l'Union européenne. Celle-ci devrait s'engager en faveur d'une monnaie mondiale qui ne soit plus celle d'un seul État, et donc en faveur d'une réforme profonde du système monétaire international.

Privilégier l'économie d'entrepreneur contre l'économie de spéculation

Avec le capitalisme financiarisé et la croyance dans l'autorégulation des marchés s'est développée une économie de la spéculation généralisée à l'ensemble des marchés d'actifs, au point de déstabiliser aujourd'hui l'économie réelle. La recherche d'une meilleure stabilité financière est cruciale, et le SEBC a un rôle à jouer en la matière : il doit inciter par tous les moyens les banques à financer la production de richesses socialement utiles et écologiquement soutenables en évaluant et portant les risques correspondants.

Il est urgent de redonner la priorité à la politique du crédit, celui-ci devant être prioritairement tourné vers les secteurs productifs dans la perspective d'un développement durable. Il faut une politique sélective de refinancement et de subvention des crédits à privilégier, au service de la transition sociale et écologique nécessaire (immobilier social, équipement, environnement, recherche). Un pourcentage minimum de crédits aux PME doit être imposé. De même, à l'avenir, les banques devront porter dans leur portefeuille une part importante des titres titrisés (bien plus que les 5 % récemment fixés) afin de favoriser une bonne évaluation des risques. Globalement, le

SEBC devrait promouvoir une politique individualisée de refinancement des groupes bancaires en fonction de leur gestion des risques, notamment à travers un élargissement de la gamme des instruments de régulation : réserves obligatoires sur les actifs risqués, ratios de liquidité et de levier, bonification pour les crédits privilégiés.

Il serait également souhaitable que la politique du crédit prenne en compte les différences nationales en modulant ses instruments. Ainsi, les réserves obligatoires sur les crédits pourraient être plus élevées dans les pays où la progression du crédit est jugée excessive et susceptible d'alimenter des bulles immobilières (cas récent de l'Espagne).

Les timides réformes décidées par l'UE après la crise des *subprimes*, en particulier à la suite des conférences du G20 de Pittsburgh, Toronto et Séoul, allaient dans le bon sens : encadrement des marchés de gré à gré, encadrement et habilitation des agences de notation au sein de l'Union, encadrement des fonds spéculatifs (*hedge funds*), plafonnement des bonus, lutte contre les paradis fiscaux, création du Conseil européen du risque systémique et de trois autorités européennes pour la supervision des banques, des assurances et des marchés financiers. Mais leur mise en œuvre a été timorée et souvent de façade. Il faut des mesures beaucoup plus radicales si l'on veut réduire fortement la capacité de nuisance des marchés financiers.

Permettre un financement des États moins coûteux et moins volatil

Un des enjeux de la politique monétaire est d'assurer un financement bon marché des États grâce à des taux d'intérêt et d'inflation bas. N'oublions pas que 1 % de taux d'intérêt en plus, c'est à terme plus de 15 milliards d'euros d'intérêts supplémentaires sur la dette publique de la France, donc plus de 15 milliards de recettes à trouver. Aujourd'hui, avec la crise et la spéculation sur les dettes souveraines, cet objectif ne suffit plus. Le passage du Fonds européen de stabilité financière (FESF) au Mécanisme européen de stabilité (MES) – mécanisme pérenne d'assistance aux pays en difficulté doté de 700 milliards d'euros, avec une capacité effective de prêts de 500 milliards – est une étape importante, mais perverse, car combinée au respect du Pacte Euro+. Il en va de même des clauses d'action collective[1] intégrées aux nouveaux titres à plus d'un an émis par les États.

À court terme, des interventions sans limite de la BCE sur le marché secondaire des dettes publiques pour en assurer la liquidité et la stabilité devraient être menées.

D'autres solutions, nécessitant un nouveau traité européen, devraient être mises en œuvre (voir

1. Les clauses d'action collective (CAC) seront mises en place après 2013. Elles définissent les conditions de restructuration de la dette d'un État lorsqu'il ne peut plus se financer sur les marchés : part des créanciers qui devra voter en faveur d'une offre de restructuration, caractéristiques du rééchelonnement, du rallongement des maturités ou des décotes.

chapitre 2) : ainsi, la dette publique des États membres devrait être totalement garantie par eux-mêmes et par la BCE afin de briser les reins de la spéculation.

Personne en Europe n'a à gagner à la faillite d'un État, et la solidarité européenne ne doit pas rester un slogan.

Une profonde transformation du système bancaire et financier apparaît donc comme une des clés de la reconstruction de l'Union européenne et de la zone euro sur de nouvelles bases, plus démocratiques et plus efficaces. Une nouvelle organisation des banques et du crédit, d'une part, et une réforme de la politique monétaire et du Système européen des banques centrales, d'autre part, constituent les deux piliers de cette nécessaire mutation.

> PROPOSITION N° 1 : Recentrer les banques sur la distri bution du crédit pour une meilleure maîtrise des risques et pour réduire au maximum la spéculation.

> PROPOSITION N° 2 : Recréer un pôle bancaire et finan cier public pour financer les collectivités locales et les PME et pour engager la reconversion écologique et sociale de l'économie française.

> PROPOSITION N° 3 : Réformer le Système européen de banques centrales pour mener une politique monétaire aux objectifs élargis et contrôlée démocratiquement.

11

L'EFFARANTE PASSIVITÉ DE LA « RE-RÉGULATION FINANCIÈRE »

Frédéric Lordon

Il ne faut pas être trop facilement enclin au sentiment du désespoir pour regarder d'un œil à peu près serein le paysage de la « re-régulation financière ». Il est donc avéré qu'on ne peut compter sur le secours d'aucune loi naturelle de proportionnalité par laquelle un événement extrême appellerait nécessairement une réponse de même calibre : la crise financière la plus dévastatrice de l'histoire du capitalisme a débouché sur… rien (ou presque). Il y a de quoi rester sidéré par la nullité de la réponse – en fait, de quoi y voir la profondeur d'incrustation d'un certain bloc hégémonique, qu'on ne réduira pas simplement au « lobby de la finance », mais qui consiste plutôt en une interpénétration complète, une symbiose organique des élites politiques, administratives et financières, les mêmes individus circulant indifféremment d'une sphère à l'autre, pour y tenir successivement tous les rôles mais toujours au service d'une même vision du monde. Ainsi, la démonstration en vraie grandeur, et même à une échelle sans précédent, des pouvoirs de destruction de la finance libéralisée n'a pas réussi à entamer si peu que ce soit l'« évidence » d'une économie dominée par les marchés de capitaux. À aucun moment ne vient dans aucun discours public l'idée que ces marchés *sont* le problème. Il n'est question que d'en améliorer marginalement le fonctionnement, d'en tempérer les légers débordements, jamais de remettre en cause fondamentalement l'idée, désormais tenue pour une sorte de vérité naturelle, qu'ils seraient l'unique moyen d'organiser le financement des activités économiques.

C'est à la lumière de ce complexe, mêlant de très puissants intérêts matériels bien décidés à ne rien lâcher, et de cette croyance cardinale désormais partagée au-delà de leur périmètre immédiat, qu'il faut comprendre l'étonnante passivité de la réponse politique à une crise financière géante, dont les développements au surplus sont loin d'être achevés. Sans qu'il y ait lieu d'en être surpris, le réel s'apprête déjà à se venger, car l'effarante inaction publique depuis 2008 a pour seul effet que le système financier se trouve toujours dans le même état d'extrême instabilité au moment où un nouveau choc, celui des dettes souveraines après celui des dettes immobilières, menace de le faire s'effondrer à nouveau – et cette fois sans plus de filet de sécurité puisque, par construction, l'État sauveteur est désormais aux abonnés absents… On en vient d'ailleurs presque à se demander s'il ne faut pas souhaiter la survenue de ce nouveau séisme – celui-là serait définitif – pour qu'enfin il se passe « quelque chose », puisque décidément le degré d'incrustation d'une formation idéologique se mesure à l'intensité des chocs nécessaires pour provoquer une (vraie) réaction… et que celui de 2007-2008, pourtant d'une magnitude historique, n'a visiblement pas suffi. Pour l'heure en tout cas, il faut d'abord faire le bilan des impasses, volontaires ou inconscientes, et des contresens, réels ou simulés, dans lesquels s'agite la pantomime de la

« re-régulation » – avant de proposer ce qui pourrait être fait si une volonté politique à la hauteur de l'événement se faisait connaître.

IT'S THE LIQUIDITY, STUPID ! (OU LES CONTRESENS DE LA SOLVABILITÉ)

Le plus représentatif de ces contresens réside sans doute dans l'obsession de la solvabilité bancaire, devenue le motif ornemental de toutes les velléités re-régulatrices. Affirmée dès le milieu des années 1990 avec la première version des accords de Bâle (1996) et constamment réaffirmée depuis, la surveillance des solvabilités bancaires est en fait le principe cardinal de la régulation financière – avec le succès que l'on sait : des crises financières internationales de 1997-1998 à la crise des *subprimes* de 2007-2008, en passant par la crise Internet de 2001-2002... et en attendant la très prochaine crise des dettes souveraines, l'obsession des ratios de solvabilité s'est montrée évidemment incapable de prévenir le moindre accident financier. C'est que le ver était conceptuellement dans le fruit, et pour cause : par construction, la focalisation sur la solvabilité n'exprime que la préoccupation que le système bancaire *résiste* aux pertes consécutives à une crise, et pas du tout celle qu'il les *évite*. En d'autres termes, la perspective de la solvabilité n'a, et ne peut avoir, aucun effet de prévention des crises financières, et n'a en fait pas d'autre intention que de mettre les banques en état d'en absorber à peu près convenablement les dégâts. On ne saurait mieux dire la douce négligence de la dite « régulation financière », qui accepte d'emblée l'idée que des crises, éventuellement géantes, se produiront à nouveau, ne fait rigoureusement rien pour en empêcher la survenue, et se cantonne finalement à la simple tâche d'en gérer au mieux les effets – par-là démissionnant spectaculairement du projet d'en attaquer les causes.

En vérité, le contresens conceptuel est bien plus profond que cette simple désertion – puisque hélas on ne peut pas exclure qu'à Bâle ou ailleurs il se trouve des gens pour croire sincèrement à la réponse par la solvabilité… Pour des agents privés, la solvabilité, ou l'insolvabilité, *en elle-même*, n'a jamais entraîné la moindre crise – c'est *après* la crise que la solvabilité devient un problème. Le problème des crises financières est d'abord et avant tout un problème d'illiquidité. Les crises financières se manifestent toutes par la révision dramatique des évaluations d'une certaine classe d'actifs, la ruée hors du segment de marché correspondant, le jeu mécanique des appels de marge et la course à la déleviérisation[1], lesquels entraînent des réalisations massives sur les segments de marchés adjacents qui sont tour à tour tous gagnés par l'évaporation de la liquidité, etc. Ce n'est pas l'insolvabilité mais l'impossibilité soudaine d'accéder à la liquidité et de faire face à des engagements à payer immédiats qui, par le jeu des relations de crédit ou de contrepartie, propage de proche en proche les défauts. L'évaporation fulgurante du stock de cash de Bear Stearns et de Lehman, sous l'effet de l'interruption de l'accès au refinancement dans les marchés de gros du crédit et du *run* d'investisseurs pour le compte desquels ces institutions étaient gestionnaires, est là pour témoigner d'une temporalité « éclair » qui n'est pas celle de la

1. C'est-à-dire la réduction des leviers d'endettement.

solvabilité. Pour autant que les informations disponibles à ce moment puissent être tenues pour fiables, les deux faillies, luttant pour préserver leur réputation et maintenir leur signature, n'ont pas manqué de communiquer ostentatoirement sur leurs ratios de solvabilité plus qu'honorables, très supérieurs même aux minima réglementaires de Bâle II (11 % pour Lehman)... et ce alors même qu'elles étaient en train de couler définitivement.

Indépendamment des biais de déclaration quand ce sont les intéressés eux-mêmes qui se chargent d'« informer » sur leur propre situation financière, il resterait d'ailleurs à poser la question préjudicielle de savoir ce que vaut une évaluation de solvabilité au cœur de la crise. À chaud, les pertes potentielles sont inévaluables – comme l'atteste le fait que, des mois après les premiers chocs de l'été 2007, les comptabilités bancaires sont restées en suspension : la congélation des marchés rend impossible l'évaluation des actifs au prix courant (*mark-to-market*) pour la simple et bonne raison qu'il n'y a plus de transactions ; quant aux évaluations substitutives par les méthodes du *mark-to-model*[1], on voit mal ce que même des usages à peu près honnêtes pourraient en tirer au moment précis où toutes les régularités statistiques qui leur servent d'hypothèses sont en train de faire collapsus – cela sans même parler des usages, disons « à façon », qui autorisent des redditions de comptes avantageuses... à l'image de celles que dénonce actuellement l'IASB[2],

1. C'est-à-dire à partir d'un modèle mathématique d'évaluation des actifs.
2. L'International Accounting Standards Board (IASB) est l'institution européenne de normalisation des procédures comptables.

institution pourtant peu portée à la contestation révolutionnaire, qui s'inquiète des traitements comptables que certaines banques ont fait connaître à leurs portefeuilles de titres souverains, notamment grecs[1]...

Mais il faudrait en fait commencer par rappeler deux ou trois choses à propos de la notion de solvabilité pour mesurer à quel point elle est finalement un problème périphérique dans toute cette affaire. Entendue en son sens « statique », la solvabilité n'est pas autre chose que le maintien par l'entité économique concernée d'un actif net positif, en d'autres termes la garantie que la vente de tous les actifs permettrait, en situation de liquidation, de rembourser tous les passifs exigibles – évaluation au demeurant des plus délicates, spécialement dans le cas des banques, où les actifs sont majoritairement des actifs financiers sujets à des variations de valeur aussi brusques que considérables. En son sens le plus intéressant – dynamique et intertemporel –, l'évaluation de solvabilité consiste en une estimation (projection) de la capacité future des actifs de l'entité à engendrer des *cash flows* permettant de faire face aux obligations de paiement d'ores et déjà inscrites dans la structure du passif, évaluation elle-même largement conventionnelle, comme tous les exercices de projection en avenir incertain.

Mais le point important est surtout celui-ci : en aucune de ses acceptions la solvabilité (ou plutôt l'insolvabilité) ne peut être *en elle-même* au principe d'un événement mortel. Le fait absolument objectif,

1. Voir « IASB criticizes Greek debts write-downs », *Financial Times*, 30 août 2011. Les banques et institutions financières concernées sont notamment françaises (BNP Paribas, CNP Assurances).

et lui incontestablement létal, c'est l'*illiquidité*[1]. Si la question de la solvabilité a quelque intérêt, c'est en tant qu'éventuel support d'un jugement collectif susceptible de déclencher un *run* ou une interruption brutale des accès au crédit, lesquels précipiteront la banque visée dans l'illiquidité. C'est donc toujours par la médiation de jugements, c'est-à-dire de croyances et d'opinions, que l'insolvabilité produit des effets réels immédiats, et ce conditionnellement à toute une série de données latérales extrinsèques, notamment relatives aux possibilités techniques et (surtout) politiques de refinancement offertes aux institutions menacées. Ainsi, par exemple, à l'exact inverse de Bear et de Lehman, fatalement emportées par la crise d'illiquidité alors que leurs ratios de solvabilité semblaient faire encore très bonne figure, Fannie Mae et Freddie Mac, dont les ratios étaient en voie d'être complètement anéantis, ont survécu à la crise du seul fait de la décision *politique* de les maintenir dans la liquidité[2].

1. On aura remarqué que, dans sa version intertemporelle, la notion de solvabilité rejoint celle de liquidité. Pour autant, un jugement d'insolvabilité (en ce sens) demeure d'une faible objectivité du fait de l'incertitude qui affecte les hypothèses (nécessairement conventionnelles) à partir desquelles est construite la projection intertemporelle (*forward-looking*). Et surtout un tel « verdict » d'insolvabilité, ou d'illiquidité, intertemporelle ne dit absolument rien quant à la situation de liquidité instantanée, seule objectivement qualifiable et seule décisive.
2. Par le renflouement de l'État américain et les concours élargis de la Réserve fédérale.

LES INDIGENTES VELLÉITÉS DE BÂLE III

Entrerait-on, par provision, dans la logique bâloise de la solvabilité qu'on devrait tenir pour risibles les seuils réglementaires censément durcis (à 7 % pour le ratio Tier-1[1], dont 4,5 % pour son noyau dur de *tangible common equity*[2]), niveaux largement satisfaits *ex ante (au préalable)*, rappelons-le, par la plupart des banques privées les plus impliquées dans la crise… Même la Suisse, qu'on ferait passer avec peine pour un enfer bancaire, a jugé de fait ridicules les propositions de Bâle III en soumettant unilatéralement ses principales banques (UBS et Crédit Suisse) à un ratio réglementaire de 19 % (dont 10 % de *tangible common equity*) – il est vrai qu'UBS a été l'un des plus importants perdants de la crise des *subprimes* et que son actif total représente à lui seul… 376 % du PIB suisse[3] ! Mais il faudrait surtout souligner, outre son indigence quantitative, combien le relèvement envisagé par Bâle III des seuils réglementaires des ratios de capital passe à côté du problème du risque systémique, qui consiste par définition en la propagation globale d'un accident local – à la façon dont la chute de la seule Lehman n'a pas pris trente-six heures pour menacer de faire s'écrouler entièrement le système financier international lorsqu'il s'est avéré qu'AIG (premier assureur mondial) était aussitôt menacé par contrecoup d'aller

1. Le ratio Tier-1 rapporte le total des actifs (pondérés par leur niveau de risque) à la base de fonds propres de la banque.
2. Qui est la forme la plus pure des fonds propres (le ratio Tier-1 inclut en effet dans la définition des fonds propres certains instruments de dette très subordonnés).
3. 218 % pour Crédit Suisse, données pour 2010 publiées sur www.zerohedge.com. Source : JPMorgan.

également à la faillite. À ce compte-là, une logique élémentaire voudrait que les ratios réglementaires soient établis au niveau permettant de sauver le maillon le plus faible de la chaîne bancaire – le pire étant cependant qu'en fait nul ne peut dire *ex ante* où se trouvera le maillon le plus faible ni quel sera exactement son degré de faiblesse. Quitte à bricoler, il s'en déduit une procédure assez simple susceptible de gouverner leur fixation : 1) prendre pour référence les destructions de capital survenues dans les principales institutions financières touchées par la crise de 2007-2008 ; 2) en tirer les niveaux de Tier-1 qui auraient été requis pour l'absorption de leurs pertes ; 3) en dériver la nouvelle norme en faisant du maximum de ces Tier-1 contrefactuels le nouveau minimum réglementaire. À en croire certaines évaluations rétrospectives, il eût fallu que Citigroup, l'une des banques d'importance systémique les plus criblées de dérivés de *subprimes*, disposât d'un ratio Tier-1 de 20 % pour absorber en l'état ses gigantesques pertes. Conclusion tranchée : désormais, 20 % de Tier-1 pour tout le monde !

Si la question est bien celle de la liquidité et non de la solvabilité, il s'ensuit que la *Volcker rule* – du nom de l'ancien président de la Réserve fédérale Paul Volcker –, présentée comme le fer de lance du *Dodd-Frank Act* (la loi de régulation financière étatsunienne votée à l'été 2010) et stipulant la mise à part de certaines activités de banque d'investissement (notamment le *proprietary trading*[1]) ainsi que leur capitalisation séparée, la *Volcker rule*, donc, passe elle aussi à côté du

1. Activité de spéculation où les banques ne se contentent plus de passer les ordres de leurs clients, mais se mettent à jouer pour leur propre compte et avec leurs propres ressources.

sujet, puisque la consolidation en capital de ces entités particulières ne leur évite en rien les dangers de la crise de liquidité. De même la comédie des *stress tests*, toute entière axée sur la question des ratios et des éventuels besoins de recapitalisation. Imaginer que le passage réussi des *stress tests* vaudrait *ipso facto* pour les lauréats brevet de résistance à un futur accident est une aimable plaisanterie, plus exactement une méprise quant à la nature réelle de ces tests : incapables de procurer quelque garantie de solidité que ce soit, ils ont plutôt *de fait* la fonction de tranquilliser l'opinion de la communauté financière à propos de la « situation » des banques (ce qu'ils font d'autant mieux que la croyance en la « théorie de la solvabilité » est plus partagée) afin de neutraliser des jugements de défiance qui conduiraient certaines d'entre elles à se voir couper l'accès aux marchés de gros du crédit ou au marché interbancaire. En d'autres termes, les *stress tests*, rigoureusement incapables en eux-mêmes d'évaluer la capacité de résistance des institutions financières à un choc majeur d'*illiquidité* (et pour cause : ce sont des tests de *solvabilité*...), ont pour seul effet de stabiliser l'opinion financière et d'empêcher la propagation de la défiance – qu'on ne se fasse cependant aucune illusion quant à leurs pouvoirs réels en cette matière à l'épreuve d'un accident massif...

VAINES TENTATIVES DU CÔTÉ DE LA LIQUIDITÉ

On objectera que, pour être principalement centrées sur la question des ratios de capital, les discussions de Bâle III, et c'est une nouveauté, témoignent également désormais d'une préoccupation pour les questions de liquidité. Le comité pour la supervision bancaire (Basel Committee on Banking Supervision) envisage ainsi de soumettre les banques à un *net stable funding ratio* destiné à réduire les désajustements actif-passif, c'est-à-dire le fait que les actifs bancaires sont financés avec des passifs de maturité plus courte, au prix d'un déséquilibre dans la position de liquidité de moyen-long terme de la banque[1]. Mais le plus significatif tient sans doute à l'introduction d'un *liquidity coverage ratio* destiné à garantir que la banque est capable de se maintenir liquide dans l'éventualité d'un scénario de « stress de liquidité » consistant en un certain niveau de perte de dépôts et une restriction des accès aux refinancements de marché. Le ratio que le comité de Bâle se propose d'instituer stipule que les banques doivent disposer d'un stock d'« actifs liquides de haute qualité » (*high quality liquid assets*) permettant de couvrir intégralement pendant trente jours les sorties de cash impliquées par le scénario de stress.

Mais que faut-il entendre par « actifs liquides de haute qualité » ? Sans doute, par définition, des actifs susceptibles d'être vendus à tout instant dans un marché profond où ils sont assurés de trouver preneur et d'être réalisés sans variation de prix importante. Mais cette définition ne dit rien de précis sur leur identification concrète en situation. Quels sont les actifs liquides de haute qualité ? Jusqu'il y a peu, la question ne se posait même pas, ou plus exactement la réponse était tenue pour aller de soi : des titres souverains, de préférence les titres de la dette étatsunienne, d'ailleurs désignés comme « actifs sans risque » et réputés refuge

1. Qu'on ne se fasse pas d'illusions quant au sens du « long terme » qui est ici en cause et ne va pas au-delà de… un an.

permanent de tout mouvement de *flight to quality*. Que ses effets réels dans le marché des *treasuries* ne se soient pas encore fait sentir n'empêche pas que la dégradation de la notation étatsunienne annoncée cet été soit venue symboliquement rappeler que la qualité d'actif sans risque, ou d'actif hautement liquide, n'est pas une propriété d'essence intrinsèque à certains titres, mais bien une caractéristique circonstancielle, contingente… et réversible. Le volet le plus intéressant de Bâle III témoigne donc d'une incapacité à penser les événements maximaux qu'aucune régulation financière sérieuse ne peut pourtant exclure – qu'elle se doit même de considérer comme son horizon de possibilité permanent –, en particulier celui dans lequel les actifs réputés « hautement liquides » peuvent voir soudainement leur qualité détruite. Ce scénario-là n'a rien d'une extravagance, comme l'atteste la contagion présente de la crise des dettes souveraines, dont la décision de Standard & Poor's indique qu'elle est en train de gagner les États-Unis. Si d'aventure, ainsi que nul ne peut l'écarter, les États-Unis, par cette dégradation, se trouvaient précipités dans l'impasse où sont déjà enfermés les pays européens, c'est-à-dire pris dans la contradiction d'une sommation à l'ajustement budgétaire dont les effets sont auto-invalidants et conduisent *ex post* à une dégradation du ratio de dette publique, alors effectivement les *US treasuries* rejoindraient le lot commun des titres souverains sans cesse contestés par les marchés, exposés à des attaques aiguës… et c'est l'« actif sans risque », l'« actif liquide de haute qualité », qui deviendrait introuvable. Nul ne peut donc nier qu'une crise de la finance marchéisée encore plus grave que celle de 2007-2008, à l'occasion de laquelle tout le paysage de la liquidité se trouverait emporté par un glissement de terrain général, « actifs sans risque » compris, pourrait se produire. Dans ce genre de circonstances, inutile de le dire, le « ratio de couverture de liquidité » ne couvre plus rien…

LE FLÉAU INATTAQUÉ DE LA LEVIÉRISATION

Alors même que les protections péniblement édifiées par Bâle III pour donner le change se révèlent parfaitement illusoires, rien n'est fait par ailleurs pour empêcher la survenue de nouvelles crises géantes dont elles sont supposées couvrir le risque. Le principal fléau de la finance spéculative, la leviérisation[1], demeure sans aucun contrôle tant soit peu mordant. La leviérisation de marge[2], sa forme la plus pernicieuse, est toujours aussi vivace, et si, par exemple, le *Dodd-Frank Act* semble s'y intéresser, il suffit de descendre dans la profondeur du texte pour constater combien les intentions se trouvent en fait neutralisées, voire contredites, par le détail des dispositions – et y voir une allégorie des débilités de la re-régulation financière. Partie II (*Regulation of swap markets*), section 736 (*Margin*) : la section 8a(7) du *Commodity Exchange Act*[3] est modifiée de telle sorte que soient réintégrés dans le champ de la régulation les niveaux de marge (qui en étaient

1. C'est-à-dire la possibilité pour un investisseur de prendre une position pour des montants excédant ses apports propres.
2. La leviérisation de marge est le procédé qui consiste à autoriser des opérateurs à prendre des positions à terme moyennant un simple dépôt immédiat d'acompte (la marge), en général d'un montant ridicule – quelques pour cent de la position totale.
3. Historiquement, les produits dérivés, dont les *swaps*, se sont développés dans les marchés de matières premières (*commodities*).

exclus !), mais sous la disposition additionnelle que les règles s'y appliquant… « ne fixeront pas de montant spécifique pour les marges » ! La nouvelle rédaction de la section 8a(7)-(1)-(C) se voit donc ajouter un alinéa (D)-(iii) qui en contrecarre immédiatement les effets – et c'est à ce genre de lecture, en effet, que peut parfois naître le sentiment du désespoir…

La leviérisation d'endettement est à peine mieux encadrée que la leviérisation de marge. Sans doute, sur le papier, les ratios de solvabilité définissent-ils *ipso facto* des seuils de leviérisation globale. Mais d'un genre un peu spécial. Car il ne s'agit pas de rapporter simplement aux capitaux propres l'actif total brut, mais la somme des actifs *pondérés par leurs risques*. Or la pondération du risque est une cuisine dont la finance est devenue coutumière pour aboutir aux résultats qui lui plaisent. Les évaluations de risque hautement fantaisistes de l'épisode *subprimes* sont peut-être encore suffisamment proches pour qu'on se méfie des mesures RWA (*risk-weighted assets*), spécialement quand elles sont produites par les banques elles-mêmes. Simon Johnson relève ainsi le cas de Dexia, dont l'actif total nominal est de 517 milliards d'euros… ramenés à seulement 127 milliards d'euros après pondération du risque[1]. Il est bien certain que d'aussi formidables distorsions rendent la satisfaction des ratios réglementaires bien plus facile, et d'autant plus lâche l'encadrement de la leviérisation globale.

Certes, le comité de Bâle a fini par s'apercevoir des légers biais qui découlaient de l'autoévaluation

1. Documents comptables du deuxième trimestre 2011. Simon Johnson, « Euro's Appeal Masks the Gathering Storm », Bloomberg, 28 août 2011.

du risque bancaire (sur laquelle reposait jusqu'ici Bâle II ! – on a de la peine à y croire...) et se propose de développer ses propres méthodes. Cependant, même avec la meilleure volonté du monde, la mesure de risque demeure un exercice des plus hasardeux pour lequel n'existe, et n'existera jamais, aucune méthode absolument fiable. Il en est ainsi car la matérialisation du risque relève moins d'une métrique objective qu'elle n'exprime les déplacements soudains, et en fait imprévisibles, de la croyance collective de la finance – comme l'illustre par exemple le retournement de la bulle Internet. Les « lois » de probabilité sur lesquelles reposent les modèles de *Value-at-Risk* (VaR) n'ont aucun caractère de régularité objective, encore moins de stationnarité, et sont plutôt l'épiphénomène de configurations sous-jacentes d'interactions, notamment gnoséologiques, entre opérateurs de la finance. Elles peuvent donc connaître les mêmes ruptures brutales, lesquelles sont imprévisibles *ex ante*, mettant en échec tous les calculs antérieurs de risque. Le risque financier individuel importe donc (le plus souvent sans le savoir) des paramètres profondément globaux ayant à voir avec la dynamique d'ensemble des marchés (même pas seulement du compartiment de marché spécifique à chaque classe d'actif, car la course à la liquidité peut être au principe d'effets de report très déstabilisateurs en provenance de compartiments plus ou moins éloignés). Pour toute la sophistication de ses méthodes probabilistes, la mesure du risque demeure donc un exercice frappé d'une irréductible opacité et dont pas même un contrôleur extérieur « objectif » ne saurait prétendre venir à bout.

Cet argument pèse lourdement contre la version sans doute la plus intéressante des ratios de solvabilité, proposée par Charles Goodhart sous la forme de ratios contracycliques : les exigences de fonds propres croîtraient avec un certain indicateur de formation d'une bulle spéculative (niveau et vitesse des prix d'actifs, dérive du crédit global par rapport à une trajectoire de référence conçue d'après le cycle économique, etc.). Des ratios contracycliques auraient en effet la propriété de réduire la leviérisation globale des institutions financières au fur et à mesure que la bulle se forme. Mais d'une part on peut craindre que ces ratios ne jouent que sur la dérivée seconde de la dynamique du prix des actifs (qui croîtra seulement moins vite). D'autre part, les incertitudes précédemment mentionnées à propos de la mesure des risques, et donc du calcul des actifs pondérés, font craindre une sous-estimation chronique dans la surveillance de la leviérisation « tolérable ». Enfin, quand bien même les méthodes de mesure du risque seraient celles du régulateur et non plus celles des régulés (!), il s'agit de s'assurer que toute la chaîne des institutions de régulation est capable de résister à l'atmosphère de négligence euphorique et d'optimisme aveugle qui s'empare de la communauté financière en période de bulle, et surtout qu'elle est capable de contraindre *effectivement*, et dans des délais suffisamment brefs, les banques à des rectifications de trajectoire – le tout en sachant que les agences de régulation sont elles-mêmes de plus en plus peuplées d'anciens de la finance privée, devenus indispensables pour maîtriser du côté « régulateur » les produits sophistiqués qu'ils avaient mis au point du côté « régulés »…

DÉSOLANT PAYSAGE DE LA « RÉGULATION »

Où que se tourne le regard dans le paysage désolé, et désolant, de la re-régulation financière, il n'accroche rien qui puisse tant soit peu donner à espérer. Il faudrait parler par exemple de la multiplication des plateformes de marché alternatives : *dark pools*, systèmes multilatéraux de transactions (aimablement autorisés par la directive européenne MIF, « Marchés et instruments financiers », de 2004) et autres *crossing networks*, ces lieux intermédiaires, curieux hybrides d'*OTC*[1] et d'*exchanges*[2], qui permettent à des opérateurs de faire des transactions sur d'importants blocs de titres sans que leurs ordres soient révélés aux autres opérateurs, confidentialité grâce à laquelle il est possible de limiter l'effet sur les prix de cessions volumineuses. On voit là incidemment ce que vaut vraiment cette scie avancée en toutes circonstances par les avocats de la finance pour refuser la moindre restriction de leur licence d'agir, et notamment pour justifier le pullulement des spéculateurs sur les marchés à terme : « il faut préserver la liquidité du marché », car ici la démultiplication des plateformes alternatives de transactions se paie objectivement du prix de la fragmentation de la sacro-sainte liquidité – mais consentie de très bon gré dès lors qu'elle offre l'avantage de la confidentialité (opacité) et celui de créer autant de

1. *OTC* : *over the counter*, soit transaction de gré à gré.
2. Les *exchanges* sont les Bourses, c'est-à-dire les places de marché réglementées, dotées de chambres de compensation. Les acheteurs et vendeurs ne transactent pas *directement* les uns avec les autres (comme dans les transactions *OTC*) mais toujours par l'intermédiaire de la place (qui est l'acheteur de tous les vendeurs et le vendeur de tous les acheteurs).

petits univers privés de transactions soustraits à toute régulation.

Il faudrait également parler de tout ce que l'on nomme le *shadow financial system*, à savoir l'ensemble des institutions remplissant des fonctions d'intermédiation financière (collection-allocation d'épargne) mais non strictement bancaires (au sens des banques de dépôt), et par là demeurant largement hors régulation : *hedge funds*, fonds de *private equity*, SIV (*special investment vehicles*) et SPV (*special purpose vehicles*), *money market funds*, etc. Or le *shadow financial system* n'a pas cessé de monter en puissance et de déborder le secteur « régulé » : 30 % des actifs financiers étatsuniens sont désormais financés par son intermédiaire… mais dans la plus grande opacité (à quelques velléités près) et très en avance sur une régulation qui a déjà du mal à arraisonner le secteur bancaire officiel.

Il faudrait enfin évoquer ces retournements paradoxaux des intentions régulatrices, qui en arrivent à faire la joie des « régulés » eux-mêmes. Ainsi de la désignation d'une catégorie spéciale d'institutions financières, les SIFI (*systemically important financial institutions*), dites « systémiquement importantes » car leur chute entraînerait des effets collatéraux tels que le système dans son ensemble n'y survivrait pas. La bonne intention entend soumettre ces SIFI à des exigences particulières de capitalisation – qui coûteront aux assujetties en termes de baisse de la rentabilité des capitaux propres. Mais leur pure et simple désignation comme telles vaut implicitement garantie par l'État, qui déclare de fait intolérable leur faillite… et laisse donc entendre qu'il ne la tolérera pas ! Cette garantie implicite, parfaitement perçue par les investisseurs, vaudra donc aux SIFI, ainsi couvertes, la possibilité d'une baisse significative de leur coût d'emprunt dans les divers marchés de capitaux dont il est fort possible qu'elle vienne agréablement compenser (voire davantage) la diminution de levier corrélative des exigences supérieures de capitalisation. Des mastodontes bancaires désormais assurés d'être couverts par l'État, au prix d'une « régulation » qui leur sera financièrement avantageuse tout en laissant la puissance publique (le contribuable) suspendue à l'éventualité de sauvetages géants, voilà le résultat d'une de ces opérations qui font dire au *Financial Times* lui-même que « les alarmes devraient sonner quand les banques accueillent favorablement la régulation[1] »...

CONTRE LA « RÉGULATION » QUI « SUPERVISE », L'ARRAISONNEMENT QUI INTERDIT !

À la vérité, ce sont moins les idées de régulation qui manquent que la volonté politique, tragiquement déficitaire – en fait, une volonté politique, il y en a une : celle de maintenir ! Sans préjudice de cette question politique, évidemment décisive, il est au moins possible d'indiquer brièvement quelques manières d'envisager une régulation enfin sérieuse – il faudrait même dire un arraisonnement véritable – de la finance, « sérieux » et « véritable » signifiant qu'il a été pris acte de l'énormité de l'événement de 2007-2008, de ses coûts faramineux (coûts du sauvetage mais plus encore de la récession... et de l'austérité qui s'ensuit),

1. Francesco Guerrera, « Alarm Bells Must Ring When Banks Welcome Regulation », *Financial Times*, 4 octobre 2010.

et surtout du fait qu'il a failli nous ramener à l'âge de pierre (car tels sont bien les effets d'une ruine bancaire totale non rattrapée)… et qu'à ne rien faire, au moment précis où se forme la crise des dettes souveraines, cette menace, plus que jamais, plane encore sur nos têtes.

Il y a d'abord lieu de formuler aussi fermement que possible le principe directeur qui sied à cette approche de l'arraisonnement, rompant catégoriquement avec celui de la « régulation » : non plus « superviser et corriger », mais « interdire et punir ». Aussi bien les apories (contradictions insolubles) de la mesure du risque, et les sous-évaluations chroniques qui s'ensuivent, que les effets de « capture du régulateur » (c'est-à-dire la colonisation des agences de régulation par les idées, et de plus en plus par les hommes, des institutions qu'elles sont censées réguler) ont abondamment montré la faillite du modèle de la « supervision » à travers deux décennies de libéralisation financière émaillées par des crises récurrentes de plus en plus graves. On se demande quel crédit il peut bien rester à ses défenseurs, qui demandent encore grâce et jurent que cette fois enfin on va trouver le bon dispositif, les méthodes adéquates, l'architecture optimale, que cette fois, promis, ce sera la bonne, etc. La menace permanente, et en fait la quasi-certitude, du débord du risque, de son accumulation inaperçue et mal contrôlée, rend inopérants tous les cadres régulateurs qui pensent pouvoir le surveiller et le maîtriser. C'est pourquoi il est temps de prendre acte des nuisances intrinsèques de la finance marchéisée, pourtant largement attestées par les enseignements de l'histoire économique longue, et de songer à la réduire à ses plus simples expressions : on ne maîtrisera vraiment la finance qu'en lui *interdisant formellement* de se livrer à ses pratiques les plus dangereuses.

La toute première et impérative mesure, toujours pas mise en œuvre alors qu'elle est maintenant bien connue, consiste en la séparation hermétique de la banque de détail et de la banque d'investissement (mesure connue sous le nom de Glass-Steagall, rédacteurs de la loi de séparation des banques étatsuniennes en 1933). On lui oppose parfois l'objection consistant à avancer que les banques universelles résistent mieux que les autres grâce à l'adossement des activités risquées à la masse financière captée des dépôts. C'est là un argument tout à fait aimable, et les déposants seront sans doute ravis d'entendre que leurs dépôts servent de ballant aux paris spéculatifs de la haute banque. Pour que leur contentement soit complet, on n'omettra pas d'ajouter que tous leurs avoirs s'évaporeront si cet adossement ne suffit pas à absorber les pertes, et que haute et basse banque y passeront l'une derrière l'autre dans un très bel ensemble en cas de sinistre d'ampleur.

Pour être tout à fait honnête, il doit être mentionné que l'Independent Commission on Banking a rendu au gouvernement britannique en avril 2011 un rapport préconisant une telle séparation, renvoyant activités de détail et activités de marché à des entités distinctes, différemment capitalisées, les premières jouissant d'une garantie publique dont les secondes seraient privées[1]. Il s'agit là cependant d'une forme faible, ou plutôt incomplète, car la séparation formelle n'empêche en rien que les banques de détail

1. Independent Commission on Banking, *Interim Report. Consultation on Reform Options*, avril 2011.

soient emportées par le naufrage des banques d'investissement, obligeant alors l'État à mobiliser des garanties monstrueuses. La séparation « organisationnelle » en effet ne coupe nullement de multiples liens, essentiellement des liens de marché, qui continuent de solidariser les deux sortes de banques et peuvent propager un accident de l'une à l'autre. Ainsi banques de détail et banques d'investissement pourraient-elles se retrouver impliquées dans des relations de crédit sur les marchés monétaire et interbancaire, et les premières (quand elles sont du côté créancier) déstabilisées par la faillite des secondes. De même s'agirait-il d'éviter soigneusement que des opérations, même sur des titres simples (« vanille »), ne viennent à unir les deux sortes de banques dans des relations de contrepartie. Tous ces liens persistant par-delà la séparation formelle des entités menacent de propager à la sphère de la banque commerciale un séisme né dans la sphère des activités de marché.

C'est pourquoi la forme forte, ou complète, de la séparation demande que soit ajoutée à la déconnexion des organisations une stricte réduction des licences accordées aux activités des banques d'investissement – et ce contrairement à l'argument négligent qui les autoriserait à faire tout et n'importe quoi au motif que, « séparées » et privées de toute garantie, elles seraient libres de s'exposer comme elles l'entendent puisqu'elles en paieront seules le prix. Sous une forme très cursive et superficielle[1], voici en quoi pourrait consister, s'ajoutant à un Glass-Steagall rénové,

1. Pour de plus amples développements, voir par exemple Frédéric Lordon, *Jusqu'à quand ? Pour en finir avec les crises financières*, Paris, Raisons d'agir, 2008, notamment le chapitre 5,

une stratégie décidée à couper les ailes de la finance de marché :

• interdiction pure et simple de certaines innovations financières (titrisation, CDS, entre autres) ;

• interdiction des produits dérivés (*futures*) sur des supports autres que physiques (plus éventuellement taux de change et taux d'intérêt) ;

• contingentement quantitatif des volumes de transaction sur les segments de marchés de *futures* maintenus, et limitation du nombre d'intervenants autorisés (sur le modèle des SVT[1]) ;

• interdiction des investissements de marge[2] ; pour ce faire, rapatriement de toutes les transactions *OTC* et assimilées (*dark pools*) dans des places de marché (*exchanges*) nationalisées et soumises à très stricte réglementation ;

• déleviérisation de dette brutale par la modification des modes de calcul de l'actif total pondéré du risque : tous les actifs seront comptés au moins à leur valeur nominale (quand ils sont « sans risque »), les coefficients de risque conduisant à compter les actifs auxquels ils s'appliquent au-delà de 100 % ;

• interdiction du *trading* pour compte propre pour les banques d'investissement.

Pour des raisons que de nombreux auteurs, hélas traités en chiens crevés pendant les décennies libérales (Keynes, Kindleberger, Minsky, Galbraith), avaient

« Six principes et neuf propositions pour en finir avec les crises financières » ; voir également « Si le G20 voulait… », sur le blog du *Monde diplomatique* « La pompe à phynance », septembre 2009.

1. SVT : spécialistes en valeurs du Trésor.

2. C'est-à-dire les investissements à leviérisation de marge (voir note 1, page 268).

parfaitement analysées, les marchés de capitaux sont le foyer d'une irréductible instabilité endogène et la source de catastrophes non seulement financières mais, par suite, macroéconomiques de très grande ampleur. C'est pourquoi il importe de réduire la finance à une configuration aussi platement fonctionnelle que possible : la collecte des dépôts et des épargnes, le financement de l'activité réelle par des prêts bancaires convenablement sélectionnés, l'offre de produits d'épargne garantis (du type « livret ») aussi simples (et peu rémunérateurs) que possible ; en d'autres termes, il faut *médiocriser* la finance, c'est-à-dire rigoureusement la dépouiller de tout ce qui, au-delà de son élémentaire fonctionnalité, en aura fait un univers en soi, et presque une forme de vie dopée par les ivresses combinées de la grande sophistication et des rémunérations astronomiques.

DE L'ARRAISONNEMENT DES MARCHÉS À LA MUTATION DES STRUCTURES BANCAIRES

Mais ce dégrisement radical de la finance, au-delà de l'arraisonnement des activités de marché proprement dites, trouve sa forme accomplie dans la mutation profonde des structures bancaires elles-mêmes. Tous les arguments s'accumulent maintenant pour exiger sinon une nationalisation, du moins une *déprivatisation intégrale* du secteur bancaire. Par la position qu'elles occupent dans la structure sociale du capitalisme, les banques se rendent nécessairement coupables de plusieurs captures de biens communs – qu'on appellerait aussi bien des prises d'otages : puisqu'elles sont conservatrices de fait du bien public en quoi consistent la sûreté des encaisses monétaires de la population et l'intégrité du système des paiements, il est impensable que les États se désintéressent de leur sort et puisse s'abstenir de venir les sauver. Cette garantie exorbitante ne saurait demeurer sans une contrepartie de même format, qui ne peut être que la soumission à un contrôle public intégral. Dans un registre assez proche, les banques sont également captatrices de cet autre bien commun en quoi consistent les conditions générales du crédit à l'économie. En témoigne ce scandale insensé, pourtant passé inaperçu, qui a vu les banques menacer de riposter à toute tentative de régulation qu'elles jugeraient « excessive » par une incorporation des nouveaux coûts réglementaires dans les taux d'intérêt débiteurs – en d'autres termes : tout ce que nous coûtera la régulation en perte de rentabilité, nous le ferons compenser par le client final ! Ce chantage, qui leur est objectivement permis par leur position structurale, est simplement inadmissible, et il n'y a qu'une seule et unique manière d'y répondre : là encore, la prise de contrôle.

Si défaire les banques du statut privé actionnarial qui leur autorise ce genre d'impudence passera nécessairement dans un premier temps par la nationalisation, il n'est pas certain que le « pôle public unifié du crédit » doive être le dernier mot de la transformation bancaire. Il y a même des raisons de s'inquiéter de ce que l'État ait en dernier ressort directement la main sur tous les robinets du crédit[1]. Aussi cette mutation devrait-elle ultérieurement cheminer vers une forme sensiblement différente qui rendrait les

1. Voir « Pour un système socialisé du crédit », sur le blog du *Monde diplomatique* « La pompe à phynance », janvier 2009.

banques à un principe d'autonomie et de localité. À mi-distance entre le statut de société par actions et celui d'établissement public (et sans doute plus près du second que du premier !), il s'agirait donc de penser quelque chose comme un « système socialisé du crédit »[1]. Composé de banques organisées sur des bases coopératives étendues, jouissant d'une autonomie de décision, mais dont le champ d'action serait très strictement délimité, relevant toutes du même statut donc soustraites aux tentations induites par la concurrence avec un secteur privé (à l'image d'un Crédit Lyonnais qui, nationalisé, s'est pourtant comporté comme la pire banque privée), un système socialisé du crédit serait économe en fonds propres du fait du strict encadrement de ses risques économiques (et surtout de l'absence de risques spéculatifs), rendant possible de troquer les (illusoires) protections des ratios Tier-1 contre une garantie d'État inconditionnelle. Mais, dans cette affaire, il s'agit surtout de rendre cette chose économiquement et socialement si importante qu'est le crédit à des partages de décision aussi étendus que possible, impliquant aux côtés de professionnels de la banque, mais hors de toute logique de rentabilité actionnariale, l'ensemble des parties prenantes, salariés, chefs d'entreprise, associations de consommateurs, associations environnementalistes, évidemment représentants locaux de l'État et de la banque centrale, c'est-à-dire tous ceux que la finance concerne vraiment.

PROPOSITION N° 1 : Séparation radicale entre les banques de dépôt et les banques d'investissement.

1. *Ibid.*

PROPOSITION N° 2 : Interdiction des *OTC* (les transactions de gré à gré) et des investissements de marge (la spéculation avec des fonds empruntés) ; rapatriement de toutes les transactions dans des Bourses transparentes, contrôlées et nationalisées.

PROPOSITION N° 3 : Mutation des structures bancaires en un système socialisé du crédit.

LES AUTEURS

PHILIPPE ASKENAZY est économiste, directeur de recherches au CNRS, et un des initiateurs du *Manifeste d'économistes atterrés*.

PHILIPPE BATIFOULIER est maître de conférences HDR à l'université Paris Ouest Nanterre La Défense, chercheur au sein du laboratoire EconomiX. Ses domaines de recherche sont l'économie politique de la santé et de la protection sociale.

FRÉDÉRIC BOCCARA est économiste, diplômé de l'ENSAE, spécialiste des entreprises (des firmes multinationales aux PME) et du système de crédit. Il a actuellement des responsabilités dans le domaine des transports et de l'environnement.

MIREILLE BRUYÈRE est maître de conférences en économie à l'université de Toulouse 2. Ses travaux portent sur l'emploi et le marché du travail. Elle est membre du laboratoire CERTOP (Centre d'Étude et de Recherche Travail Organisation Pouvoir UMR CNRS) et du conseil scientifique d'Attac France.

PIERRE CONCIALDI est économiste, chercheur à l'Institut de recherches économiques et sociales (IRES) et spécialisé dans les questions sociales. Il est l'un des animateurs du Réseau d'alerte sur les inégalités.

BENJAMIN CORIAT est professeur d'économie à l'université Paris 13 et coprésident du collectif des Économistes atterrés. Auteur, entre autres, de *Penser à l'envers*, Éditions Christian Bourgois, 1991 et de *L'Atelier et le chronomètre*, Éditions Christian Bourgois, 1994.

THOMAS COUTROT est économiste, spécialiste des questions du travail, de l'emploi et de la démocratie. Dernier ouvrage paru : *Jalons vers un monde possible. Redonner des racines à la démocratie*, Éditions Le Bord de l'eau, 2010.

MICHEL DÉVOLUY est professeur à l'université de Strasbourg, Chaire Jean Monnet d'économie européenne. Codirecteur de l'Observatoire des politiques économiques en Europe (OPEE), il assure la responsabilité éditoriale du bulletin de cet observatoire.

JEAN-PAUL DOMIN est maître de conférences (HDR) en sciences économiques à l'université de Reims Champagne-Ardenne. Ses travaux portent sur l'économie politique de la santé et notamment l'influence du néolibéralisme sur les transformations en cours (hôpital, médecine de ville).

CHRISTINE ERHEL est maître de conférences à Paris 1 et chercheuse au Centre d'études de l'emploi. Elle travaille sur les comparaisons des marchés du travail et des politiques de l'emploi (notamment leurs tendances récentes face à la crise de 2007), sur la stratégie européenne de l'emploi et sur les indicateurs de qualité de l'emploi. Elle a notamment publié un « Que sais-je ? » en 2009 sur les politiques de l'emploi.

JEAN-MARIE HARRIBEY est ancien professeur agrégé de sciences économiques et sociales et maître de conférences à l'université Bordeaux 4. Ancien président d'Attac France.

Coprésident des Économistes atterrés. Dernier ouvrage paru : *Raconte-moi la crise*, Éditions Le Bord de l'eau, 2009.

Sabina Issehnane est postdoctorante au Centre d'études de l'emploi et chercheuse au CEPN à l'université Paris 13. Ses domaines de recherche sont l'économie du travail, et plus particulièrement l'insertion des jeunes, les transitions formation-emploi, les politiques d'emploi et de formation professionnelle.

Dany Lang est maître de conférences en économie à l'université de Paris 13. Il est responsable du groupe de travail « Analyses et modélisations post-keynésiennes » du Centre d'économie de Paris Nord (UMR CNRS). Ses recherches portent principalement sur les dynamiques macroéconomiques et la question du temps en économie. Il est secrétaire des Économistes atterrés.

Philippe Légé est maître de conférences en économie à l'université de Picardie. Son principal domaine de recherche est l'histoire de la pensée économique. Il est l'auteur de plusieurs articles critiquant le libéralisme de Friedrich Hayek ainsi que de nombreuses analyses sur la crise actuelle. Il enseigne notamment l'histoire des faits économiques, l'économie du travail et les politiques communautaires.

Edwin Le Héron est maître de conférences à Sciences Po Bordeaux et chercheur au CED (Centre Émile Durkheim). Il est également président de l'ADEK (Association pour le développement des études keynésiennes) et membre du Conseil national des universités. Dernier ouvrage : *Les banques centrales doivent-elles être indépendantes ?*, avec Philippe Moutot, Éditions Prométhée, 2008.

FRÉDÉRIC LORDON est économiste. Il est directeur de recherches au CNRS et chercheur au Centre de sociologie européenne (CSE). Ses travaux comportent notamment un programme de recherches spinozistes en sciences sociales. Auteur, entre autres, de *Jusqu'à quand ? Pour en finir avec les crises financières*, Éditions Raisons d'agir, 2008. *D'un retournement l'autre : comédie sérieuse sur la crise financière en trois actes et en alexandrins*, Éditions du Seuil, 2011.

CATHERINE MATHIEU est économiste à l'OFCE, présidente du groupe de travail « Perspectives à long terme et changements de structures » de l'AIECE (Association d'instituts européens de conjoncture économique) et membre d'EUROFRAME (réseau européen d'instituts économiques). Ses thèmes de recherche sont : prévision, politiques économiques, questions européennes, Royaume-Uni.

JACQUES MAZIER est professeur d'économie, CEPN-CNRS, université de Paris Nord. Chargé de mission à la Direction de la prévision (1970-1975), puis au Commissariat au Plan (1981-1983), directeur de l'IRES (1985-1988). Thèmes de recherches : macroéconomie internationale, macroéconomie post-keynésienne, politique économique.

PHILIPPE MÉHAUT est économiste, directeur de recherche au CNRS, chercheur au LEST, Aix-Marseille université. Ses recherches portent sur le marché du travail, l'insertion des jeunes, les politiques de formation continue, les stratégies de ressources humaines.

ROLAND PÉREZ, professeur des universités, a été en poste successivement aux universités d'Amiens, de Montpellier 1 et à l'Institut agronomique méditerranéen. Ses travaux portent sur la finance d'entreprise, l'analyse stratégique et sur les questions générales de management, de gouvernance et du développement durable.

DOMINIQUE PLIHON est professeur à l'université Paris 13 depuis 1992. Se rattachant au courant théorique de l'école de la régulation, il dirige au sein du Centre d'économie de l'université de Paris Nord (CEPN) le pôle spécialisé en économie financière.

PHILIPPE QUIRION est chargé de recherche au CNRS, CIRED. Économiste spécialiste des questions d'environnement, il a été président de la branche française du Réseau Action Climat.

CHRISTOPHE RAMAUX est chercheur au Centre d'économie de la Sorbonne-Matisse, il enseigne à l'université Paris 1. Il est membre du conseil scientifique d'Attac. Domaines de recherche : économie du travail (chômage, emploi, précarité, instabilité de l'emploi, flexicurité), État social, protection sociale, politique économique.

GILLES ROTILLON est professeur émérite de sciences économiques à l'université Paris Ouest Nanterre La Défense et à l'Institut national des sciences et techniques nucléaires (INSTN), spécialisé en économie de l'environnement.

DAMIEN SAUZE est maître de conférences en économie à l'université de Bourgogne. Ses domaines de spécialités sont l'économie du travail et l'économie de la santé. Ses derniers travaux de recherche portent sur la santé au travail.

HENRI STERDYNIAK dirige le département Économie de la Mondialisation de l'OFCE, l'Observatoire français des conjonctures économiques, Paris. Il a publié de nombreux articles en macroéconomie, politique économique, économie monétaire et internationale, économie européenne, questions sociales, fiscales et budgétaires. Il est coprésident des Économistes atterrés.

OLIVIER WEINSTEIN est professeur émérite à l'université Paris 13. Ses écrits portent principalement sur l'économie de l'innovation, l'économie de la firme et l'analyse des marchés dans une perspective institutionnaliste.[1]

1. http://atterres.org

TABLE

BABEL

Extrait du catalogue

1104. JEANNE BENAMEUR
Ça t'apprendra à vivre

1105. JOSEPH E. STIGLITZ
Le Rapport Stiglitz

1106. COLINE SERREAU
Solutions locales pour un désordre global

1107. MAJID RAHNEMA
La Puissance des pauvres

1108. ALAIN GRESH
De quoi la Palestine est-elle le nom ?

1109. JANE GOODALL
Nous sommes ce que nous mangeons

1110. *
Histoire des quarante jeunes filles

1111. MATHIAS ÉNARD
L'Alcool et la Nostalgie

1112. NANCY HUSTON
Infrarouge

1113. JÉRÔME FERRARI
Un dieu un animal

1114. PAUL AUSTER
Invisible

1115. W. G. SEBALD
Les Anneaux de Saturne

1116. ALAIN CLAUDE SULZER
Un garçon parfait

1117. FLEMMING JENSEN
Ímaqa

1118. ALAIN LE NINÈZE
Sator

1119. AMARA LAKHOUS
Choc des civilisations pour un ascenseur Piazza Vittorio

1120. EVA GABRIELSSON
Millénium, Stieg et moi

1121. INGVAR AMBJØRNSEN
Elling

1122. WAJDI MOUAWAD
Ciels

1123. AKI SHIMAZAKI
Mitsuba

1124. LAURENT GAUDÉ
Ouragan

1125. CÉLINE CURIOL
Exil intermédiaire

1126. ALICE FERNEY
Passé sous silence

1127. LYONEL TROUILLOT
Thérèse en mille morceaux

1128. FRÉDÉRIQUE DEGHELT
La Grand-Mère de Jade

1129. AHMED KALOUAZ
Avec tes mains

1130. FABIENNE JUHEL
À l'angle du renard

1131. W. G. SEBALD
Vertiges

1132. ANNE ENRIGHT
Retrouvailles

1133. HODA BARAKAT
Mon maître, mon amour

1134. MOUSTAFA KHALIFÉ
La Coquille

1135. JEREMY RIFKIN
Une nouvelle conscience pour un monde en crise

1136. PRALINE GAY-PARA
Récits de mon île

1137. KATARINA MAZETTI
Le Caveau de famille

1138. JÉRÔME FERRARI
Balco Atlantico

1139. EMMANUEL DONGALA
Photo de groupe au bord du fleuve

1140. INTERNATIONALE DE L'IMAGINAIRE N° 27
Le patrimoine, oui, mais quel patrimoine ?

1141. KATHRYN STOCKETT
La Couleur des sentiments

1142. MAHASWETA DEVI
Indiennes

1143. YI MUNYŎL
L'Île anonyme

1144. CH'OE INHUN
La Place

1145. YI CH'ŎNGJUN
L'Île d'Iŏ

1146. CHO SEHUI
Le Nain

1147. CAMILLA GIBB
Le Miel d'Harar

1148. MARIE-SABINE ROGER
La Théorie du chien perché

1149. MARIA ERNESTAM
Les Oreilles de Buster

1150. KHALIL GIBRAN
Les Esprits rebelles

1151. SIRI HUSTVEDT
La Femme qui tremble

1152. JEANNE BENAMEUR
Les Insurrections singulières

1153. MATHIAS ÉNARD
Parle-leur de batailles, de rois et d'éléphants

1154. LAURENT GAUDÉ
Les Oliviers du Négus

1155. FRÉDÉRIQUE DEGHELT
La Nonne et le Brigand

1156. NICOLE ROLAND
Kosaburo, 1945

1157. LAURENT SAGALOVITSCH
Dade City

1158. JOUMANA HADDAD
J'ai tué Schéhérazade

1159. MAURICE AUDEBERT
Tombeau de Greta G.

1160. ÉMILIE FRÈCHE
Le Film de Jacky Cukier

1161. CAROLE ZALBERG
À défaut d'Amérique

1162. JEAN-LUC OUTERS
Le Voyage de Luca

1163. CÉCILE LADJALI
Aral